中华传奇文物书系

青铜传奇

Series of Chinese
Legendary Cultural Relics

Legend of
Bronzeware

窦忠如◎著

揭 示 国 宝 传 承 的 奇 闻 秘 史
解 密 文 物 辗 转 的 云 谲 波 诡

國寶

北京出版集团公司
北京出版社

图书在版编目（CIP）数据

青铜传奇 / 窦忠如著 . — 北京：北京出版社，
2015.6
　（中华传奇文物书系）
　ISBN 978-7-200-11227-6

　I. ①青… Ⅱ. ①窦… Ⅲ. ①文物—青铜器—介绍—
中国 Ⅳ. ① K871.3

中国版本图书馆 CIP 数据核字（2015）第 051388 号

中华传奇文物书系

青铜传奇

QINGTONG CHUANQI

窦忠如　著

*

北 京 出 版 集 团 公 司
北 京 出 版 社　出版
（北京北三环中路 6 号）

邮政编码：100120

网　　址：www. bph. com. cn
北 京 出 版 集 团 公 司 总 发 行
新 华 书 店 经 销
北京利丰雅高长城印刷有限公司印刷

*

787 毫米 ×1092 毫米　16 开本　15.5 印张　250 千字
2015 年 6 月第 1 版　2015 年 6 月第 1 次印刷
ISBN 978-7-200-11227-6
定价：36.80 元
质量监督电话：010-58572393

目 录
contents

对于今人而言，青铜器似乎除了遥远就是冰冷，遥远是因为时间的缘故，冰冷则是由于材质的原因。我在两年前写作"中华国宝之谜"丛书（第一辑：《国宝传世之谜》《国宝消亡之谜》《国宝盗案之谜》《国宝流失之谜》《国宝回归之谜》五册，2011年1月由中国文史出版社出版）之前也是这种表象的感觉，此后及如今集中时间和精力来写作"国宝档案——中华传奇文物书系"这套丛书的青铜卷时，一种温暖的感觉竟然从遥远与冰冷的时空奔涌而来，并逐渐注射进我开始沸腾的血液中，乃至最后竟漫延了我的整个神经。于是，我选择在这个热血涌流的夜晚来写这则绪论，虽然自知对于中国青铜器的历史及鉴赏还不能够随心所欲地讲解与诠释，但是个人点滴识见与感悟还是想诉诸诸君。

其实，以手掌触摸青铜器的直接感觉，依旧是一丝冰凉慢慢地沁入心脾，这让我漫游的思想开始专注——5000年前甘肃东乡林家马家窑。研究中国青铜器者不是没有选择，而是选择的余地需要进一步开拓，因为目前公认中国最古老的青铜器虽然是出土于马家窑文化遗址中的一件青铜刀，但是这件青铜刀很显然属于人工单范铸造而成，这就表明它绝对不是中国青铜器的肇始之器。故此，人们有理由期待中国更古老青铜器的面世，更有责任（哪怕是无意间）协助考古者不断地推进中国青铜器的历史向前延伸。

不过，在更古老青铜器出现在研究者视野中之前，现在回溯中国5000年的青铜器历史，除了已为世人所认可的五大阶段——商代前期（二里岗期）、商代后期（殷墟期）、西周、春秋、战国的各自特征之外，探索其中细节特别是文化艺术细节，也许不失为当今青铜器研究者一个不错的选择。"细节决定成败"，是现今职场上比较流行的一句话，即使我一贯主张学者摸索学术细节是分内之责并不存在什么成与败的问题，但是不追究学术细节必败恐无疑处。具体到中国青铜器的研究，最初人们同样是从某些细节变化特别是规律性变化而提出以上五段划分法的，并由此才开始了比较有系统的学术研究活动。

以河南郑州二里岗出土器物为典型代表的商代前期青铜器，无论是器物的造型设计、纹饰雕镂、铸造工艺，还是器物的种类数量、组合方式、置放规制，都将商代"重酒组合"的礼器体制很好地体现了出来，因此说这是奠定中国青铜器第一个辉煌的成熟基础期。所谓礼器，就是古代贵族举行祭祀、宴飨、丧葬、婚冠、朝聘及征战等活动时所使用的礼仪性器物。而作为最能体现那个时代礼制的青铜礼器，又有"彝器"之谓，由于"彝"字在甲骨文与金文中都表示用双手捧着一只被绑住了两只翅膀的鸡敬献给神灵或祖先的一种形体，即便到了秦朝小篆中也不过是将向神灵或祖先敬献的鸡换成了彘头（猪头）与米、丝而已，这就从原始角度解释了彝器是由祭祀场景而衍生出来的器物之含义。

其实，"彝"字的本意是"奉献祭品"，后来才引申为彝器（即祭器或礼器），而彝器既然是一种礼仪性器物，东汉许慎就在《说文解字》中说："彝，宗庙常器也。"也就是说，彝器既然是作为储存物品敬献神灵与祖先的礼器，就不应该随意更动它，但是早期商人不知何故不仅将祭祀食品更换成了以酒为主，而且彝器的性质外延也扩展了许多，难道他们的思想意识与前人相较已经发生了某种颠覆性变化？虽然这个问题至今也没有答案，但是并不妨碍人们揣想早期商人对容易让人产生幻觉的一种液体——酒充满了好感，否则在以觚与爵为核心的"重酒组合"彝器中，为什么竟然将储存有食物的彝器挤逼得只好退居到角落里去了呢？

不过，无论如何彝器作为统治阶级非同凡响的身份、地位与财富之象征，在举行重大活动特别是祭祀场景中，往往被统治者有意无意地笼罩上一层神秘诡异的宗教巫术色彩，这种氛围想来是与统治者期望借此来满足他们祈福禳祸及愚昧民众的心理有关，否则彝器上那些变化怪异的纹饰为何也镌刻得摄人魂魄呢？

确实，关于商代前期青铜器的诸多特色，除了礼制上的"重酒组合"之外，就是器物上镌刻有以粗犷凌厉为美的神秘纹饰了，特别是那种给人狰狞感觉的饕餮纹的广泛应用，可以说已经毫无疑义地将早期商人的审美情趣展露无遗。至于人们一向看重的青铜器上之铭文，如果能够在这时候的青铜器上得以获见，那真是一件极为稀罕的事了，否则见多识广的现代考古专家们在这时期青铜器上哪怕发现了一二字铭文又怎能不兴奋得彻夜无眠呢？

确实，即便这一二字铭文书写的笔道不做后来书法艺术上所谓的波磔状，但是通过他们的考释还是泄露了数千年前先人们的某种信息，哪怕这一信息只告知人们他们原本属于哪个氏族，依然使一些后人将自己的族源推演得更加骄傲而辉煌。何况这些看似粗糙不甚精美的青铜礼器，不仅透露出早期商人比较娴熟的分铸工艺和比较先进的制范与合范技术，还由于它们大多出土于黄河流域及长江中游地区，这就为后人追溯自己的族源时提供了一条地域性引线。

与商代前期基本形成的这种"重酒组合"礼器体制一脉相承的，自然是商代中后期这种礼制的日臻完善乃至达到一种极致，哪怕最后这种礼制竟成为周人执政的诫勉信条，也不妨碍今人对中国青铜器第一个高峰到来的高声赞美。因此，在这里我们姑且不论商人是否是因为嗜酒而丧国，而愿意将1976年在河南安阳小屯发掘第二十三代商王武丁之王妃妇好墓中所出土多达460件青铜器作为一个典型例证，来解析商代"重酒组合"礼器的富丽华美与堂皇雍容。

的确，人们无法想象考古学家当时面对这一震撼世界重大发现的情景，也无法想象贵为王妃的妇好是怎样惊人地嗜酒，哪怕她是一位冲锋陷阵驰骋疆场的剽悍女将，也不能使今人参透一冢之内以酒器觚与爵为轴心的礼器竟有210件之多，至于另外20多类礼器中还包括有鼎、甗、瓿、簋、尊、罍、壶、缶、瓶、觥、斝、盉、觚、盘、爵等，以及一些前所未见之重器与后世所知悉的青铜器几乎都悉数登场，传递给人们的只能是这时候的青铜器已经达到了成熟精美之程度。特别是作为食器——簋被列入礼器范畴，与乐器——铙的首次出现，同样指引人们产生这样一种足可信赖的认识——国人引以为傲的礼乐制度至少在商王武丁时代就已经初现雏形！

具体到这一时期青铜器本身之精美，可以从铸造工艺、器型种类、纹饰图案与铭文内容这4个方面来考究赏析。比如，虽然不是同时出土于殷墟妇好墓葬中，但是属于同一时期的中国迄今为止发现最大的青铜器——司母戊鼎（2011年中国国家博物馆展出时改称为"后母戊鼎"），不仅体形恢宏、庄严凝重，而且铸造精良、纹饰华美，给观者一种典雅厚重的感觉，它无疑是商文化发展到巅峰时的一件产物。试想，在当时生产力水平下商人竟然能够一次性（除了两只立耳是先铸成后嵌入鼎范中再铸之外）浑铸出这样一件大型、复杂、华美的青铜器，非有非凡气魄与精湛工艺是不能为的。

再比如，妇好墓出土460件青铜器中除了礼器外，还有250件属于武器、乐器、工具与杂器，特别是造型奇特的象生器的出现，不仅将商人构思巧妙的美学思想以动物形象的方式展示了出来，而且也将他们所信仰的精神世界及对神灵的向往揭示无遗，你看那些造型逼真的兕觥、象尊、羊尊、犀尊、虎尊、凤尊、牛尊、鸳鸯尊、猪尊、鸮尊等，哪一件的制作工艺不能用精湛绝妙来赞叹呢？

又比如，这时已经非常流行布满器身的纹饰图案，堪称丰富多彩、繁缛华美，不仅有几何纹样、象生纹样及怪异的动物纹样，还出现了地纹、主纹及在主纹上加饰花纹的重叠的三层花纹，有的纹饰图案不是左右对称就是成双成对，或者头尾相接形成一种有规律性的节奏感，至于浮雕与平雕相结合的雕饰手法的运用，更是将整个器物装扮得血肉丰满、耐人赏品。还比如，这时尚未脱离图形文字形态的青铜器铭文，虽然绝大多数只在器身上镌刻作器者姓名、氏族或祭祀对象等寥寥几字，属于记事性的长篇铭文还较为少见，但是正是至今不过二三十件镌刻有记事性铭文青铜器的发现，还是无可争辩地解开了学者们皓首穷经而不能展开的某些历史愁眉。

梳理西周青铜器与商代大不相同的细节，首先应该有这样几个显著特征不能被淡忘或模糊：一是重食制度，二是列鼎制度，三是编钟制度，四是作器铸铭。关于西周青铜器"重食组合"礼制的形成，很显然是在打破商人"重酒组合"礼制上建立起来的，这从著名大盂鼎铭文中可以获证，因为这篇铭文与《尚书·酒诰》都将殷商覆灭的根由归咎于商人嗜酒所致，所以西周初年周公才颁布了禁酒令。既然如此，作为向神灵与祖先敬献祭品的青铜礼器，就绝对不能将盛酒与饮酒的酒器置放在主位，于是占据主位的开始由以鼎与簋为核心的"重食组合"礼器所替代。

作为最讲究礼乐制度的西周王朝，统治者在使用青铜器特别是在祭祀等礼仪性场合使用青铜器时，青铜器的种类选择、位置主次、数量多少都不能不有所规定，特别是"重食组合"礼器中的轴心器物——鼎与簋的数量自然要求得更加严格。关于这一点，今人完全可以从陕西宝鸡竹园沟西周早期墓葬中出土大小相次三具一组列鼎与另外两具配合鼎，以及商代晚期殷墟妇好墓出土两具方鼎、两具扁足方鼎及大小不同的 32 具圆鼎这两次重大考古发掘之现象，可知原本可能因为祭祀而创设的列鼎制度竟然还适用于丧葬形式。至于史书中留下"天子九鼎八簋，诸侯七鼎六簋，大夫五鼎四簋，元士三鼎二簋"的文字记载，更是为西周这种列鼎就食制度提供了确凿例证。

非常具有情调的是，西周贵族在列鼎就食时往往钟乐齐鸣，且打击编钟的数量也要与宴飨的规模档次相匹配，这就是所谓的"编钟制度"。

与商代青铜器鲜少铭文形成鲜明对比的是，西周贵族在作器时最盛行铸铭，特别是长篇铭文更是将铭文记事性的特点披露无疑。比如，铸有 499 字长篇铭文的西周毛公鼎，惊献给人们的不仅是人世间最早最美的一篇庙堂典章，而且世人还将其与一篇《尚书》相媲美。

再比如，镌有 357 字长篇铭文的西周散氏盘，贡献给世人的就是中国现存最早的一份外交和约。又比如，刻有 284 字长篇铭文的西周共王时代的史墙盘，记录的无疑是那个久远时代微氏家族辉煌历史的全景式叙事诗。这些长篇铭文的出现，既更正了史籍中的诸多舛误和世人揣测，又填充了传世典章中不应该留存的谜阙，何况单从中国书法艺术史角度与价值而言，它还衔接了犹如天书般的甲骨文，并开启了至今还在使用的篆、隶、楷之端绪呢！

当然，除了以上从制度层面解析西周青铜器与商代之迥异外，还不应该忽略青铜器本身的细节变化。遗憾的是，西周青铜器无论是在器型还是纹饰上，虽然全面有效地继承了商人衣钵，但是继承传统本是为了更好地创新和发展，而艺术发展所需要的创新精神在西周人那里却显得较为保守。因此，西周青铜器虽然在纹饰上有所变化，比如商代最流行的饕餮纹逐渐被夔龙纹及云雷纹所取代，还新增了长鸟纹、窃曲纹、瓦纹、重环纹、环带纹、双头兽纹等，可是这些新增纹饰逐渐陷入了定型化与程式化之窠臼，更别说体现商人那种恢宏气度的大型器物在西周人手中诞生或进展了。

恪守礼乐制度又缺乏创新精神的西周灭亡之后，随着王室东迁迎来了一个名为东周的新王朝，可事实上东周王朝则被切割成了春秋与战国两个阶段。也就是说，东周王室竭力以礼制维护大一统的古典世界，在春秋五霸武力撕扯下已经出现了不可弥补的裂痕，反映在原本体现王权与财富的青铜器上，就是王室之器在大幅度地减少，带有鲜明地域特色的各诸侯国之器则在逐渐增多，特别是实力强劲的各大诸侯国为了展示自己的王权特征，更是竭尽所能地在青铜器的造型与纹饰上进行巨大变革，从而形成了南方秀丽与北方雄浑这一南北竞秀的大好局面，这就是被世人广泛认可的中国青铜器第二个高峰。

具体到春秋青铜器在种类与造型方面的变革，最让人过目不忘的特点就是诸多器物都被添加上了一个盖，使整个器物形成了今天人们习以为常的模样。至于器型变化，酒器或者说水器——壶的变化最具有代表性，因为人们最常见的扁形壶已经出现了圆形、方形和瓠形等许多变形，乃至有些壶变形得让人感到匪夷所思却又合乎情理。

关于春秋青铜器在纹饰方面的创新，最主要的特点就是一改商周青铜器纹饰那种神秘的宗教迷信色彩与繁缛风格，而是出现了一股极具地方特色与清新感觉的新气象。比如，以两条或多条细小螭龙相互纠结缠绕在一起的蟠螭纹，不仅将器物装饰得纤细而华美，而且在与几何纹、贝叶纹、垂叶纹、绚索纹相配合运用时，更是具有了一种浓烈的生活趣味，哪怕有时候图案化倾向冲淡了原本的神秘，也不妨碍观赏者从中获得某种心理情感上的共鸣。

如果说春秋青铜器特别是中晚期已经进入到第二个辉煌阶段的话，那么战国时期的青铜器堪称名副其实的璀璨辉煌，乃至照耀得整个中国青铜器历史在世界上都显得熠熠生辉。

中国乃至世界文化艺术发展史上有一个值得深思的现象，那就是动荡或分裂时期的文化艺术总是获得意想不到的丰富与发展，而大一统时间越久文化艺术则越是裹足不前，甚至干脆就僵死在绳墨规矩之束缚中。比如，战国时期青铜器就完全挣脱了西周礼制的牢笼，原本周人最讲究的礼器功用在消失，器物原始的实用性开始彰显，特别是地域性特征更加鲜明，于是无论是北方晋秦还是东方齐鲁抑或南方荆楚都创造出了属于自己的别无二致的风格，这无疑使中国青铜艺术竞争得无比灿烂。

尤其是在青铜器的纹饰方面，不仅有以中华民族族源象征——龙为主题的细密形象纹饰，还出现了反映普通但又极具浓郁色彩的社会生活图案，诸如宴饮、乐舞、采桑、搜礼、渔猎、攻占等，这些纹饰图案的出现无疑向世人昭示了一个新的活跃时代的到来。至于构思奇特、铸造精妙的新器型的层出不穷，以及错金银、包金银、鎏金与线刻等新工艺的发明运用，更是为这一时期青铜器的辉煌增添了助燃剂。

接续春秋战国余晖的秦汉青铜器，虽然在工艺上追求更加精巧别致，但是崇尚实用与朴素已成时代特性，即便出土于秦始皇陵陪葬坑中的铜车马已经成为中国青铜工艺之绝响，也不妨碍甘肃武威雷台"马踏飞燕"与河北满城中山靖王及王妃窦绾崖墓中"长信宫灯"这代表两汉青铜科技水准的进一步提升。还有足以彰显边疆少数民族独特审美情趣与剽悍力道的青铜器具之发现，同样是中华民族久远辉煌青铜艺术开放在看似苦寒闭塞之地的朵朵奇葩，那种别样的奇异艺术芳香可以说是隽永不散。

当然，中国青铜艺术还在延续，是否还会出现新的喜人高峰，今人特别是青铜从业者应该满怀期待并矢志创造，因为鉴赏与收藏青铜器等中华传统艺术品已经成为当前及今后很长一段时期内人们不能缺乏的文化营养，否则在巨变世界里迷失中华特性恐不是什么危言耸听的事。因此，如何鉴赏青铜器应该是下面文字所应承担的任务，至于任务完成到怎样一个程度，那就是笔者见识深浅之故了。

当然，青铜器学术研究特别是从文化艺术角度开展研究需要注重细节，鉴别欣赏青铜器更是不能忽视细节之异同，否则"打眼"将是一件无可避免的事儿。确实，鉴别一件距今千年以上的青铜器实在不那么容易，但是只要能够多观察实物、多牢记特点、多加以思考，从而掌握鉴别古代青铜器的一些要点，还是不难辨别其确凿年代与真伪的。比如，老古董商们在经营实践中经历了以上"三多"之后，便总结出通过眼看、手摸、耳闻、鼻嗅与舌舔这5道步骤，来对一件青铜器的锈色、手感、声响、花纹、款识、铜质与器型等方面进行综合考量，从而准确判别出这件青铜器的真伪及所属年代乃至所属年代之早中晚期来。当然，作为不是古玩行内的青铜器普通爱好者（有关部门文物专家依靠先进科学仪器甚至是激光来准确测定者除外）来说，要想判别出一件青铜器之年代与真赝，有以下几种方法可以大有帮助。

一是，察看青铜器之锈色。据古玩行内人介绍，大凡流传至今的青铜器至少经历过入土、坠水与传世这三种途径之一，而"铜器坠水千年，则绿如瓜皮而莹润如玉；未及千年，虽有青绿而不莹；未入土水之传世铜器，其色紫褐而有朱砂斑，甚至其斑凸起"。就中国当今公私收藏的诸多青铜器而言，基本上都是古代窖藏或随葬之出土器物，又因各器铜质及各地土质、水质之差别，出土青铜器之锈色也是有所不同甚至大相径庭的，常见者有绿锈、红锈、蓝锈、紫锈，等等。

因此，当一件青铜器摆放在面前时，我们首先要察看其锈色与器体色泽是否深浅一致，如果锈色坚实匀净且莹润自然，则为自然生成之锈；如果锈色浮在器物表面且绿而不莹、色不润泽，还有一种刺眼感觉的话，那必然是作伪的表皮之锈了。接着，我们便可以先把双手搓热触摸器物后，再把手放在鼻子底下嗅一嗅，如果有一股铜腥味则表明是伪作之器，因为千年古铜是没有铜腥味的；然后我们还可以用热碱水洗刷器物，这时伪作之铜锈便会往下脱落，如果伪作之锈没有脱落的话，再使用火烤则必然脱落无疑。此外，我们还可以用舌头舔舐器物表面，如果有一种盐卤的味道，则表明该铜锈必是伪作者。

二是，聆听感觉青铜器之声响轻重。用手敲击器物如果发出一种细微清脆之声响，则表明这是一件真正的古代青铜器；如果声响浑浊发出"嗡嗡"之音，这就需要提高警惕做进一步鉴别。至于通过一件青铜器之轻重来判别其真伪，则完全要依靠各人的手感经验，实无什么捷径或秘诀可以挪用。

三是，鉴别青铜器之纹饰款识。关于这一点，我们首先需要了解中国古代青铜器分期断代的基本情况，比如人们惯常所说的夏商周三代铜器，由于夏代青铜器至今发现的都是一些小件实用生产工具，故此常常被考古学界划出圈外，而是从商代早期起始并延长至春秋战国乃至秦汉之物。对此，目前中国考古学界通常从时间概念上，将古代青铜器划分为：商代前期（二里岗期）、商代后期（殷墟期）、西周、春秋与战国这五大阶段，至于秦汉则归属为中国青铜器发展史上之余晖了。当然，还有中国文史泰斗郭沫若先生于20世纪30年代从青铜艺术史角度之划分法——滥觞期、勃古期、开放期与新式期，以及瑞典人高本汉划分的古典式、中周式与淮式之分期法，只是前者至今仍被中国美学界所认可，后者则鲜少为国人采用。

不过，无论是从时间概念上还是艺术史方面来划分中国古代青铜器，它们的纹饰款识都有一定规律可循。比如，夏代青铜器纹饰多是反映当时人们纯朴审美意识之简单的三角纹或七角星图案；商代青铜器纹饰华丽繁缛、丰富多彩且往往布满器身，大致可以分为几何纹样、象生动物纹样与怪异动物纹样这三类；西周青铜器纹饰虽然基本上与商代相类，但是后期则逐渐趋向于素朴之风；春秋战国时期青铜器纹饰由原本粗放而一变为工细，而且充满了清新活泼的生活气息；秦汉青铜器纹饰由于人们更加注重器物的实用性而使之大为减少，如果镌刻有少许纹饰则更讲求精细了。另外，由于青铜器每个分期的纹饰图案有所侧重，人们还可以从不同时代纹饰之图案内容等方面加以比较辨识。

　　至于款识（而非铭文内容），主要是从字体发展变化方面来进行区别。比如，商代早期青铜器多无铭文只镌族徽类，一般情况下笔道刚劲而不作波磔，而商代晚期青铜器虽然有少数铭文，但是仍以镌刻氏族、祭祀者或作器者姓名为主，这类款识还没有完全脱离图形文字之形态，镌刻有少数铭文之字体则采用"画中肥而首尾出锋"的波磔体，这种字体规整遒劲、笔势洒脱大方、形态典雅秀丽。再比如，西周青铜器铭文比商代的有明显发展，镌刻有长篇铭文的器物层出不穷，单从中国书法艺术史这一角度来说，这一时期青铜器铭文之所以有"金文""钟鼎文"之称，是因为它上承甲骨文下启篆、隶、楷，其工细典雅且锋露圆润的笔道，堪称中国书法艺术之杰作。还比如，春秋战国时期青铜器之铭文字体，不仅笔道有肥瘦之别，还出现了形似蝌蚪的"笠斗文"与仍具图案化的"鸟虫书"即所谓的"鸟篆"。另外，在战国晚期青铜器铭文中还出现了竖笔下垂且笔道末端尖锐之"悬篆"雏形字体，试想如果将铭文中出现这类字体的青铜器断为三代之器，就很显然是一则笑话了。

　　四是，识别青铜器之铜质器型。识别青铜器之铜质较为简便，只要翻看器足底部即可，若是黄铜则一眼便知，若是器足铜质作伪亦可用热碱水刷洗后而得其实质。至于不同时期青铜器有哪些器型，除了逐一对比铭记之外，则没有什么捷径可以凭借。比如，沿用时间最为长久的鼎，由于各个时期都有实物出土，从而可以通过比较鉴别得知，如果鼎上有盖，则不可能是夏商周三代之青铜鼎也。

　　以上管见，贻笑方家。

夏禹九鼎

——青铜炊具　王权象征

不知始于何时，历史文物在人们意识中竟成为枯燥刻板的代名词，其实不仅不然，而且还充满趣味，比如原本只是古人烧煮食物的青铜器物——鼎，特别是夏禹所铸九鼎，后来怎么就演变为国家政权的一种象征了呢？

其实，在人们潜意识中还有一种误解，那就是普遍认为夏禹九鼎是"鼎"这种器物之鼻祖。而司马迁却在《史记·封禅书》中有"黄帝作宝鼎，象天地人"的文字记载，即表明"鼎"不仅早在夏禹的高祖父黄帝时就已经出现，而且还成为夏禹"铸九鼎，象九州"这一行为之滥觞。那么，黄帝所作"宝鼎"是否与夏禹所铸"九鼎"一样属于青铜鼎呢？

关于这一点，最顺理成章的追问应该是中国青铜发展史上限是否到达了黄帝时代，或者直接质

网格纹鼎

夏代制作，二里头文化遗址出土，中国社会科学院考古研究所藏。高20厘米，口径15.3厘米，敛口、折沿、环耳，空心四棱锥状足，腹饰一周带状网格纹，是迄今所见时代最早的铜鼎。

青铜刀

马家窑文化时期制作，中国国家博物馆藏。长 12.5 厘米，这是迄今为止中国发现的时代最早的一件青铜器。

问：黄帝时代是否已经发明了青铜材质并具备铸造青铜鼎这类器物之工艺技术？

考古资料证明，目前中国最古老的青铜器，是出土于甘肃东乡林家马家窑文化遗址中的一件单范铸造之青铜刀，而马家窑文化遗址相对应的年代为前 3000 年左右，也就是母系氏族社会中晚期的黄帝时代，从而表明黄帝时代已经发明了青铜材质。不过，从这件青铜刀单范铸造之工艺技术上来看，要想铸造出比其绝对复杂之合范青铜鼎的话，恐怕还不能得出一个让人比较信服的结论来。

另外，从河南临汝煤山龙山文化中晚期遗址中出土一块长 5.3 厘米、宽 4.1 厘米、厚 2 厘米的炼铜坩埚残块，以及龙山文化相当于尧舜时代这一时间段来推知，早于尧舜时代之黄帝时代恐怕难以铸造出体形大、工艺复杂之青铜鼎。再者，在史书中虽然有夏禹铸九鼎之文字记载，但是考古发掘中亦有关于中国历史上第一个朝代——夏之陶鼎普遍出土的现象，这至少表明青铜鼎与陶鼎在夏代是共同存在的，而从青铜器起源或脱胎于陶器这一被史料与考古发掘所证实方面来看，比公元前 2070 年夏启立国早近千年的黄帝时代，要想铸造出对材质与工艺等方面都有很高要求的青铜鼎实在是一件极其难为之事，或者说黄帝时代虽然已经能够铸造出器型简单、工艺粗糙的青铜刀具之类的小件青铜器，但是把黄帝时代称为能够铸造出青铜鼎或广泛使用青铜器的青铜时代还不足凭信。换言之，也就是说把黄帝时代划入陶器时代才更符合青铜器历史发展之规律。

还有，从《左传·宣公三年》中有"昔夏之方有德也，远方图物，贡金九牧，铸鼎象物，百物而为之备，使民知神奸"的文字记载可知，古代文献中常把夏商周时代的青铜称为"金"或"吉金"（精纯美好的青铜）这一现象来分析，青铜在远早于夏商周之黄帝时代更应该是一种极为稀有珍贵的材质，所以铸造颇费这种珍稀材质之青铜鼎实在是一件难以想象的奢侈品，否则黄帝何以把所作之鼎称为"宝鼎"呢？而从黄帝一生忙于征战四方从没有过安逸生活，以及有节制地使用山林川泽之物产等节俭美德来看，即便他所作之"宝鼎"是青铜鼎的话，恐怕也不会如夏禹九鼎之多、之大、之重。

诚如斯言，人们不禁要问青铜在那时何以如此金贵，夏禹九鼎难道就是因此而成为国家政权之象征的吗？

其实，以今天眼光来认识青铜虽然只是红铜（纯铜）与其他化学元素（锡、镍、铅、磷等）经过人类加工而形成的一种合金，但是古人能够在数千年前认识并改造人类最早认识的金属之一——

夏禹

史称大禹、帝禹，为夏后氏首领，夏朝开国君王。禹是黄帝的玄孙、颛顼的孙子，但也有说法认为禹应为颛顼六世孙。

禹

克勤于邦　烝民乃粒
慝鼓在朝　厥中允执
恶酒好言　九功由立
不伐不矜　振古莫及

红铜本身由于硬度低而不适于制作生产工具等性能，从而添加从各类天然矿石中提炼出的锡、铅、镍、磷等，使之易于与红铜熔炼出新的物质——青铜，这实在应该称得上是一个了不起的划时代的伟大发明创造，更何况他们还能根据自己所要铸造器物之不同而准确添加锡与铅等物质的比例。关于这一点，《周礼·考工记》中就有关于古人制作不同器物而采用不同合金比例的明确文字：

> 六分其金而锡居一，谓之钟鼎齐（剂）。
>
> 五分其金而锡居一，谓之斧斤齐（剂）。
>
> 四分其金而锡居一，谓之戈戟齐（剂）。
>
> 三分其金而锡居一，谓之大刃齐（剂）。
>
> 五分其金而锡居二，谓之削杀矢（箭头）之齐（剂）。
>
> 金锡半，谓之鉴燧（铜镜）之齐（剂）。

由此可见，因添加不同比例之锡或铅等物质使红铜铜锈呈青绿色而得"青铜"之名的青铜，确实要比用还不如石器坚硬锋利的红铜制作工具与器物更具有优越性。另外，青铜还具有熔化时流动性好、凝固时收缩率小而易于铸造出精细器物，以及因其化学性能稳定、耐腐蚀而能够长期保存，因熔点低可使毁坏器物进行回炉重铸等优点，而大受王室贵族之追捧珍爱。也正因如此，青铜铸造业一经发明便被王室贵族所占有，青铜器物自然因为这种垄断而变得"物以稀为贵"了。

既然青铜如此金贵，以之铸造的大型器物——鼎之类的便更是稀有之宝了。前面说过，中国青铜器起源或脱胎于陶器，青铜鼎自然也是在新石器时代广泛使用陶鼎的基础上发展而来。

考古资料表明，目前发现最早的青铜鼎是出土于商代早期的河南偃师二里头文化遗址中，即便从此时算起一直沿用到两汉乃至魏晋的这2000多年间，可知青铜鼎不仅是青铜器中使用时间最长久的器物，而且也是器型及功能变化最多最复杂的一种器物。比如，仅属于商代的青铜鼎器型就有圆鼎、鬲鼎、扁足鼎、方鼎，等等。至于青铜鼎作为食器或者说礼器中的食器的作用及使用制度，那更是内容丰富而等级森严。据史料记载，鼎最早是专供王室贵族"以蒸以尝"的食器，比如《说文·鼎部》中就有"鼎，三足两耳，和五味之宝器也"，《玉篇·鼎部》中也有"鼎，器也，所以熟食者"。

当然，最为人们所熟悉的是"钟鸣鼎食"这一成语，其原本的意思是说古时候王室贵族是列鼎而食，且就食时还往往击钟鸣响。而这种列鼎就食制度至迟在西周时就已经形成，并有着极为鲜明森严的等级规定，即史书中所谓的"列鼎制"。《礼书》中记载说：西周时天子用九鼎，第一鼎盛牛，称"太牢"，以下各鼎盛羊、豕、鱼、腊、肠胃、肤、鲜鱼、鲜腊；诸侯一般用七鼎，称"大牢"，减少鲜鱼与鲜腊这两味美食（不过东周时诸侯宴卿大夫也可用九鼎）；卿大夫用五鼎，称"少牢"，鼎食是羊、豕、鱼、腊、肤；士用三鼎（士也有用一鼎的，鼎食为豕），鼎食是豕、鱼、腊。鼎作为食器时，后来还与盛放煮熟的稻、粱等饭食的簋配合使用，比如史书中就有"天子用九鼎八簋，诸侯用七鼎六簋，大夫用五鼎四簋，元士用三鼎二簋"的文字记载。

另外，鼎除了作为食器之外，还因古人有祖先崇拜与上帝神鬼崇拜之宗教观念，而使其成为"以食以飨"的一种庄严礼器。所谓"礼器"，

灰陶篮纹鼎

夏代制作，二里头文化遗址出土，中国国家博物馆藏。砂质灰陶，敛口，圆唇，宽折沿，深腹圆鼓，三个扁棱形足。

后母辛青铜方鼎

　　商代制作，安阳小屯村妇好墓出土，中国国家博物馆藏。高80.1厘米，口横长64厘米。青铜方鼎最早出现于二里岗文化上层时期，铸作难度比圆鼎更大，所代表的社会等级也更高。

就是指王室贵族在进行祭祀、宴飨、朝会或歃盟等活动时所使用的礼仪性器物，特别是举行祭祀活动中还充满神秘的宗教巫术色彩。根据古人有"事死如事生"之制度，以上列举鼎作为食器的"列鼎制"同样适用于作为礼器鼎的规制，至于陕西宝鸡竹园沟西周早期墓葬中出土大小相次三具一组列鼎与另外两具配合鼎，以及商代晚期殷墟妇好墓出土两具方鼎、两具扁足方鼎及大小不同的 32 具圆鼎这一考古发掘之现象，同样属于"列鼎制"之祭祀陪葬的一种表现形式，当然这还表明王室贵族等级越高所使用青铜鼎的数量就越多。

　　与"列鼎制"有异曲同工之妙的，还有把鼎置放在宗庙中作为记事铭功礼器的做法，比如《礼记·祭统》中就有"夫鼎有铭……铭者，论撰其先祖之有德善、功烈、勋劳、庆赏、声名，列于天下而酌之祭器，自成其名焉，以祀其先祖者也"的记载。

　　既然原本作为没有什么特殊功用的食器——青铜鼎，转而演变为统治阶级等级制度、权力地位的一种崇高标志以铭记功德事迹，由此后人将夏禹九鼎作为国家政权象征也就是顺理成章的事了，更何况其传承历史已经为此做出了诠释。《说

文·鼎部》中记载说:

鼎,昔禹收九牧之金,铸鼎荆山之下,各象九州物,入山林川泽,魑魅魍魉莫能逢之,以协承天休。

另据《墨子·耕柱篇》中记载:

九鼎既成,迁于三国,夏后氏失之,殷人受之;殷人失之,周人受之。

也就是说,夏禹所铸九鼎由夏至商再传周,最终由周成王将之迁至今日河南境内的古都郏鄏,即史书上称为的"定鼎"后,夏禹九鼎便成为合法王权之象征、天命传国之宝器了。正因如此,史学家左丘明在《左传·宣公三年》中记载了这么一件关于夏禹九鼎有趣的旧事:

楚子问鼎之大小轻重焉。王孙满对曰:"在德不在鼎……桀有昏德,鼎迁于商,载祀六百,商纣暴虐,鼎迁于周……周德虽衰,天命未改,鼎之轻重,未可问也。"

这则历史故事讲的是,周定王元年(前606)"春秋五霸"(齐桓公、晋文公、宋襄公、

王子午鼎

春秋晚期楚庄王之子王子午作,河南省淅川县下寺2号墓出土,中国国家博物馆藏。高67厘米,口径66厘米,重100.2公斤,腹内及盖内有鸟篆书铭文,盖铭4字,器铭84字,内容主要是王子午叙说自己的德政,同时上祭祖先,下为子孙祈福。出土时一共有形制相同而大小规格不同的7件,此件是其中最大的一件。

秦穆公、楚庄王）之一——楚庄王奉周天子之命率兵讨伐陆浑之戎（今河南伊川一带），在途经洛邑（今河南洛阳）时竟陈兵周王室边界以显示楚国军威，不明就里的周定王派遣大夫王孙满前往慰问，不料居心叵测的楚庄王却借机询问象征周王室合法政权的夏禹九鼎之大小轻重，王孙满明白楚庄王问话的潜台词就是对周王朝最高国家政权产生了觊觎之心，遂严正驳斥说："周德虽衰，天命未改，鼎之轻重，未可问也。"使楚庄王只好尴尬而没趣地领兵退去。

这就是历史上有名的"问鼎"典故。不料，在楚庄王"问鼎"遭到王孙满严词驳斥之后，《国策·东周策》中还记载了比这更为有趣也更能彰显那个时代谋士纵横家智慧的一段往事：

东周末年，晋、齐、秦、宋等诸侯国先后兵临周境，首先是强秦向周王索求夏禹九鼎，势力衰微的周王急忙向大臣颜率询问对策，颜率献策说可以请求齐国出兵救援，于是颜率奉周王之命出使齐国。到达齐国后，颜率游说齐王说：秦国实在不讲理，竟然准备进兵周境索取九鼎，周王认为把九鼎让给秦国还不如奉献给强大的齐国呢。

闻听此言，齐王非常高兴，当即就发兵5万前往救援周王，迫使秦国败退而去。而这时，齐国又借机向周王索要九鼎，于是颜率奉命再次来到齐国对齐王说：深明大义的周王已经表示，只要齐国能够保全周王室君臣父子的安全，他愿意将传国的夏禹九鼎献给齐王。不过，齐国远在东方，从周邑到齐国中间要经过多个诸侯国，不知道齐王您如何把九鼎安全运回齐国呢？

齐王一听，想了想说：经过梁国。颜率则说：不可！九鼎一旦进入梁国恐怕就再也运不出来了。

齐王想了想又说：那就经过楚国。颜率回答说：也不可！楚国君臣很早就想得到九鼎了，如果九鼎经过楚国肯定运不出来。

齐王一听，急躁地反问颜率说：那可怎么办啊？这时，颜率不慌不忙地又把这个难题踢给了齐王：当年周王取代殷商得到九鼎时，为了把九鼎安全地运到周王室，每只鼎派士兵9万人，九鼎就派了81万名士兵。今天大王即便有这么多士兵，可是又应该从哪条路运鼎呢？

齐王一听，无奈而恼怒地说：难道当初你说的话就不算数了吗？颜率回答道：我怎敢欺骗大王您呢，只是现在还不是时候，等待周王做好准备后，选择适合的好时机再将九鼎交给您。

就这样，无奈的齐王只好停止了索要夏禹九鼎。

青铜列鼎

西周时期制作，大小不一，中国台北富博斯 2013 年秋季拍卖。5 件 1 套，口折沿，立上粗壮的双耳，马蹄形足。鼎身铸有兽纹，三足上各自铸有饕餮纹，纹饰粗犷。依据列鼎制度的规范，此套鼎应为当时士大夫所用。

很显然，由这两则历史典故中可知，谁占有夏禹九鼎便表明谁掌握了全国最高的政治统治权，谁就拥有了号令天下的权威与支配权。如此，难怪著名学者张光直先生精辟地说"青铜便是政治和权力"呢。

遗憾的是，周王朝谋臣的权谋最终被诸侯国军事强权所击垮，夏禹九鼎也随之易主。不过，关于夏禹九鼎最终落入哪一诸侯国之手，史书中的文字记载却观点分歧。

一说，周王室覆亡后，夏禹九鼎先为秦国所窃取，后来又被宋国截获，而等到宋国被吞并时九鼎却湮灭不见。另一说，公元前 296 年，秦昭襄王夺得夏禹九鼎后，在运经泗水时有一鼎不慎落入水中，儿经打捞也不曾捞得，只好将所剩八鼎运抵咸阳。待到秦始皇统一全国后，于秦始皇二十八年（前 219）出巡泰山时也曾派遣千余人到泗水打捞那只失落的宝鼎，可最终也是无功而返。

山东嘉祥武氏祠《泗水捞鼎》
画像石

关于夏禹九鼎中一鼎落入泗水一说，还有与之不同的九鼎都落入水中之说。至于到底是一鼎还是九鼎落入泗水，今天已经无从考证，反正从此夏禹九鼎便失传于天下，成为中国历史上的千古之谜。

另外，关于夏禹九鼎落入泗水一说，1998年在山东微山县将军庙村一座汉代石墓的画像石上获得佐证，即在这座石墓东壁上刻有《泗水捞鼎》一图，图中泗水被刻画为井状，井上有三脚支架，支架上有两只滑轮，井两旁各有4人在拉绳升鼎，井内刻有一只三足双耳青铜鼎，奇特的是鼎内竟有一伸出的龙头，将绳索咬断。这是否表明夏禹九鼎不为世人所得，还有待于查阅浩如烟海的史料进行相互印证。

不过，通过这块明显具有西汉晚期风格的画像石，可以得知至少在这个时期人们依然对大禹九鼎怀有极其浓厚的追寻兴趣，应该是不存异议的。

除此之外，史书中还有许多关于帝王重视青铜宝鼎的事例，从而为夏禹九鼎作为全国最高政权合法象征而备受关注提供了旁证。比如，《汉书·武帝纪》中就曾记载说：

元鼎元年五月，赦天下，大酺五日，得鼎汾水上。

也就是说，在西汉武帝元狩年间当汉武帝刘彻听说在陕西汾水出土了一只青铜鼎时，不仅万分欣喜地认为这是国运昌盛之吉兆，立即派遣官兵护送这只宝鼎进京，还亲自前往甘泉宫迎接这只宝鼎。待到宝鼎运抵国都长安后，汉武帝大赦天下，斋戒5天，并将年号更改为元鼎元年，也就是公元前116年。还比如，宋人洪迈在《容斋随笔》等著述中也记载有汉宣帝时在陕西扶风发现美阳鼎，以及东汉和帝时大将军窦宪出征匈奴从南单于处获得刻有"钟山甫鼎，其万万子子孙孙永保用"铭文的宝鼎等事，由此可见夏禹九鼎作为政权象征这一影响之深远。

而今，夏禹九鼎虽然已经成为传说性的历史典故，但是以青铜鼎为代表的中国青铜器则以其独特器型、精美纹饰与典雅铭文等，向世人揭示了华夏古人非凡卓绝的铸造工艺、文明水平与历史源流，青铜器也因此被史学家称为"活生生的史书"。

商后母戊鼎

——国之重器　劫后余生

后母戊鼎故里展

2005年9月19日，后母戊鼎的发现者、保护者，85岁高龄的吴培文（前）老人在观看方鼎。

2005年9月19日上午9时，河南安阳殷墟博物馆门前一场盛大、庄重而又神秘的欢迎仪式开始举行。参加这一仪式的，既有中国相关方面的顶级专家学者及博物馆工作人员，也有来自安阳当地的普通市民，这时有人抬头望见了这样一帧条幅——后母戊鼎故里展。

透过这帧条幅，人们虽然可以获知这件现今中国古代最大、最重的青铜器之"出生地"，但至于是什么时候如何"出生"的，"出生"后遭遇了怎样的波折坎坷，它为什么会拥有这么一个拗口的名字，它的"前生"又有哪些鲜为人知的经历，等等，都已经成为人们渴望并且应该探究的历史文化之谜。

民国二十八年（1939）2月23日，河南安阳侯家庄武官村村民吴希增和吴培文这叔伯兄弟俩，因为先祖坟茔遭受盗墓贼的盗掘损毁，决定趁着这天天气晴朗为先祖坟茔盘坟。按照当地有关风俗，盘坟必须从距离坟茔较远的地方挖取适宜新土进行培垒。于是吴氏兄弟俩经过一番勘查比较之后，选取了同村村民吴玉瑶家一块田地的拐角处。不料，哥哥吴希增挖土时发现这片田地的土质有些不同寻常，这使他和当地大多数村民一样不由得变得敏感起来：这地下是否也藏有宝贝呢？

吴希增之所以有此揣测，其实一点儿也不奇怪。自从清光绪二十五年（1899）天津古董商人王襄和孟广慧俩人首先发现、搜集并研究甲骨文之后，再经清廷国子监祭酒王懿荣的大肆收购和推重，以及清末著名谴责小说《老残游记》的作者刘鹗编著出版《铁云藏龟》将甲骨文首次公布于世，加上大学问家罗振玉考订出甲骨文的真正出土地在河南省彰德府（今安阳市）小屯村，并确证安阳小屯村就是伟大史学家司马迁在《史记》中所记载"洹水南殷墟上"之殷商都城的遗址后，这个名不见经传的小村落便成为考古学家、收藏家、古董商人和盗墓贼频频光顾之地。随即，这个被史学家称为"殷墟"的地方，不仅出土了数以十万计的甲骨卜辞，还发掘出土了大量的殷商青铜器。

到了民国十七年（1928），国民政府正式对殷墟进行科学考古发掘之后，当地村民私自挖掘现象也变得普遍起来，特别是民国二十六年（1937）殷墟

年轻时的吴培文

吴培文，1922年出生于河南省安阳市武官村中医世家乐善堂，1939年发现后母戊鼎时年仅18岁。此照即拍摄于1939年。

考古工作因日本发动全面侵华战争而被迫停止，安阳当地民众也因迫于生计开始疯狂盗掘地下宝藏，致使大批精美的殷商青铜器被古董商采取"蹲坑"或"包坑"的形式低价收购，随后又以高价倒卖给外国人而流失海外。在此，我们姑且不说自清光绪二十五年（1899）至民国三十八年（1949）这50年间从河南安阳挖掘出土了多少殷商青铜器，也不必说通过古董商卖给外国人的又有多少青铜瑰宝，单是当地村民肆意挖掘出土的青铜器就是一个难以统计的惊人数字。特别是一些堪称国宝重器的，那就更是令人瞠目结舌、叹为观止了。比如，吴氏兄弟挖掘出土的这件中国古代最大最重的青铜器——后母戊鼎。

吴希增发现同村村民吴玉瑶家一块田地里的土质与众不同之后，并没有声张出去，而是与堂弟吴培文在3月初的一天晚上，拿着"洛阳铲"来到吴玉瑶家的那块田地里进行"探宝"。众所周知，由盗墓贼发明的"洛阳铲"早已被考古工作者广泛应用到野外考古发掘中，成为他们进行科学考古发掘时必不可少的一件工具，当然也成为吴希增等人"探宝"的一件合手工具。据说，有经验的盗墓贼、"探宝人"或考古工作者，仅从"洛阳铲"自地下所带出的泥土，便能确认这地下有无宝藏。

当吴氏兄弟用"洛阳铲"在村民吴玉瑶家田地里"探宝"时，果然从已经深入地下10米处的"洛阳铲"上有了重大发现，因为拔出的"洛阳铲"铲尖不仅有些卷刃，而且还附有褐绿色的青铜锈。于是，按照当地"探宝"不分地界利益均分之俗规，吴希增找到了这块田地的主人吴玉瑶，告知详情后便开始合力挖宝。

为了不走漏风声，几个人只能乘着夜色在黑暗中挖掘，经过整整一夜的辛苦挖掘，在掘进到地下约10米深的地方，他们终于听到"当啷"一声闷响，于是大家急忙将新挖的泥土向两旁扒拉，并借着昏暗的马灯光亮，发现了一个形似马槽状的青铜器。随即，吴希增等人紧紧抓住"马槽"边沿突出的两只立耳，想把它彻底拉出土坑，可是由于坑深而底部狭小，他们费了九牛二虎之力，也没能使"马槽"发生丝毫的挪动，而这时东方天色也已经露出了一丝鱼肚白，这使他们不得不按捺住激动而又焦急的心情，暂时放弃了揭开这件"宝贝"神秘面纱的念头，约定第二天晚上再来起宝。接着吴希增等人往坑内回填了一些浮土，并用杂草覆盖在坑口上以做隐蔽后便回了家。

挨过整整一个白天之后，吴希增等人又找来几个亲近之人做帮手，就急不可耐地来到头天晚上挖掘的那个大坑前，并搭建了一个带有滑轮的脚手架，将足有手腕粗细的麻绳拴在"马槽"立耳上，然后几个人在坑外使劲往上拉，另外几个人则在坑内及时向挪动的"马槽"底下垫土。就这样，

后母戊鼎出土地

吴希增等人经过几个小时的努力，终于以每次一厘米的进度将"马槽"拉出了 10 多米深的大坑。由于这件青铜器形似马槽，于是他们便将其称为"马槽鼎"，殊不知这就是迄今为止中国乃至世界出土的最大最重的青铜重宝——后母戊鼎。

国宝面世，纷争不断。为了掩人耳目不走漏消息，吴希增等人挖出"马槽鼎"之后，便将这件巨大的青铜器国宝秘密地运回到村里，埋藏在吴培文家院里的一堆粪土下面。

不料，武官村出土巨大青铜器"马槽鼎"的消息，还是在 1939 年 4 月中旬被北平（今北京）琉璃厂同益恒古玩铺的经理萧延卿（也有肖寅卿、

萧寅卿之说，恐是读音之误）获知了。据说，此前曾在安阳"包坑"收购青铜器发了大财的大古董商萧延卿，随即便与吴希增等人取得联系，并秘密赶到吴培文家验看"马槽鼎"。初见"马槽鼎"的萧延卿，不由自主地瞪大了双眼，展现在他面前的实在是世所罕见的青铜重器。只见这件"马槽鼎"长方立耳，宽边方口，四柱中空，所有花纹均以云雷纹为地，两立耳外廓上饰有一对虎纹，虎口相向，中间为一人头，好像将要被两只老虎所吞噬一样，这即是后来被考古学家称为"虎噬人纹"的图案。至于两立耳的侧缘部分，也饰有鱼纹；在"马槽鼎"的腹部上下，则以夔龙纹带构成方框，两夔相对形成饕餮状，中间以短扉棱相隔，鼎腹四隅也以扉棱为装饰，只是以扉棱为中心还装饰有三组兽面纹，上为牛首纹，下为饕餮纹；而鼎身四面的中央部位，则是长方形的空白地，这就使这件"马槽鼎"在整体造型上显得雄健庄重。

确实，这件"马槽鼎"不仅通高足有 133 厘米，口长约有 110 厘米，宽达 78 厘米，足高 46 厘米，就连鼎壁也有6 厘米之厚，而且足部除了饰有兽面纹之外，下面还有三道弦纹。最珍贵的是，这件"马槽鼎"腹部内壁上刻有"后母戊"三字铭文，从而使这件被当地人俗称为"马槽鼎"的殷

后母戊鼎

旧称"司母戊鼎"，是商王祖庚或祖甲为祭祀母亲戊而作的祭器，国家一级文物，是世界上迄今出土最大最重的青铜器，享有"镇国之宝"之誉，现收藏于中国国家博物馆。

商青铜器有了一个正式学名——后母戊鼎。

据说，萧延卿当即答应出资 20 万元大洋收购后母戊鼎，但是他提出由于这件青铜器重达 875 公斤，不便于自己将其运回到北平出售，遂要求吴希增等人将宝鼎分割成几块。于是，吴希增等人先是用钢锯锯割，在几根锯条被拉平而大鼎只被锯出一道印痕之后，便改由几名大汉轮流用大铁锤猛力锤击，可数十次猛烈锤击却只有一只立耳被锤打松动脱落下来，后母戊鼎本身则依然没有丝毫损伤。这时，吴希增等人因担心猛烈锤打宝鼎所发出的响亮声音会引起其他村民的注意，更害怕被盘踞在武官村附近的日本鬼子听见，便决定哪怕交易不成也要停止对宝鼎的锤打。因此，大古董商萧延卿巨资收购后母戊鼎的美梦也就随之破灭了。

不过，北平来的大古董商萧延卿收购后母戊鼎的美梦破灭了，而无孔不入的日本鬼子却又做起了黄粱美梦。就在萧延卿走后不足 10 天的时间，满满一卡车的日本鬼子在一队杂牌伪军的带领下，直接开进了武官村，随后又在村里架起了几挺机枪，威胁村民交出后母戊鼎。一番严酷威逼过后，武官村村民无一卑躬屈膝，将吴希增等人重新埋藏后母戊鼎的秘密透露给日本鬼子，不肯善罢甘休的日本鬼子只能逐门逐户翻箱倒柜地搜查。

搜查未果，日本鬼子灰溜溜地撤出了武官村，不久便放风说他们愿意出资 70 万伪币收购后母戊鼎，而当时正处在穷困饥饿状态下的武官村村民，依然是不为所动、守口如瓶。日本鬼子见威逼利诱不成，又派暗哨跟踪监视吴希增等几名参与挖掘后母戊鼎的主要村民。后来这几位村民在安阳县当局的策划下，决定出资 20 块银元从古玩铺里购买一件假的三足青铜鼎，并由机警的村民吴培文藏在家中，以应付日本鬼子和汉奸的搜查。果然，几天后跟踪几位村民的暗哨突然带领一队日本鬼子冲进武官村，直接闯到吴培文家扒了他家的睡炕，查获了那件三足青铜鼎赝品，然后扬长而去。不过，吴培文心里明白狡诈的日本鬼子并不好糊弄，他们早晚会发现所得的三足青铜器是一件赝品，那时他的处境将凶多吉少，遂不得不在一个漆黑的夜晚逃离武官村，踏上了背井离乡的逃难之途。

抗日战争胜利后，逃难在外多年的吴培文回到家乡武官村，但是几位村

曾经藏过后母戊鼎的吴培文故居

民依然不敢透露后母戊鼎的埋藏地，直到民国三十五年（1946）6月在时任国民政府安阳县县长姚法圃和安阳县古物保存委员会主任陈子明的主持下，才将宝鼎从吴培文家的东屋地下挖出来，使埋藏多年的国之重宝重见天日。

随后，后母戊鼎被县政府宣布收归公有，运送到安阳县东街4号萧曹庙内的县古物保存委员会保存，并公开向当地民众展览3天。一时间，安阳县城乃至周边地区可谓是万人空巷，人们纷纷拥向展览现场观看国之重器后母戊鼎的非凡神采。对此，《国民报》当时曾用"（每天）观看者动以千计，盛况空前"的语句，报道了当时人们争相观看后母戊鼎的场景。

4个月后，当时驻扎在河南省新乡县境内的国民党第三十一集团军司令官王仲廉，为了祝贺国民党总裁蒋介石于1946年10月31日举办的60寿庆，遂将后母戊鼎作为寿礼用专车运送到南京。蒋介石见宝鼎体积庞大且重量太重，不宜放在自己的官邸里收藏欣赏，便指示有关部门将宝鼎拨交中央博物院筹备处（今南京博物院）典藏。中央博物院筹备处接收后母戊鼎之后，发现宝鼎缺失一只立耳，便邀请青铜器专家精心复制了一只，使宝鼎恢复了发掘出土时的原貌。

关于后母戊鼎一只立耳复原之事，除了以上这一说法之外，还有民国三十五年（1946）宝鼎在河南安阳县展览时武官村村民吴希增被迫献出当年被锤落的那只立耳，以及1959年宝鼎由南京博物院拨交中国历史博物馆（今中国国家博物馆）后由新中国青铜器专家重铸之两种说法。对此，笔者将择机前往后母戊鼎今日珍藏之地探究，有兴趣者也不妨亲往求证以体验探秘之乐。这是插话。

时间到了民国三十七年（1948）5月29日，中央博物院新大楼正式落成后，遂与北京故宫博物院在南京联合举办了一场出土文物展览活动，被誉为"中国古代青铜器之王"的后母戊鼎则成为诸多展品中最具人气的一件瑰宝，令无数参观者流连忘返、惊叹不已。就连国民党总裁蒋介石也在政府要员和考古专家的陪同下，特意来到宝鼎展览室参观并在宝鼎前摄影留念，从而使后母戊鼎在古老的石头城里引起了强烈轰动，并就此在世人心目中开始大放异彩。

然而，这时的国民党蒋家王朝已是大厦将倾，开始经营退守之地海岛台湾了。就在国民政府机关和要员纷纷准备撤离大陆时，中央博物院也曾想将后母戊鼎运往台湾，可最终因为宝鼎过于笨重而未能如愿。关于后母戊鼎过于笨重而未能运往台湾之说，1996年中国国家博物馆研究员李先登先生在访问台北"故宫博物院"时，曾特意向该院院长

补铸的鼎耳

后母戊鼎失去的一只鼎耳一直没有找到，专家们仿照鼎上另一只鼎耳将它补铸上去，算是完整了。

秦孝仪先生提出这一问题，秦孝仪先生的回答也是因为宝鼎太大太重，当时没有起重设备而放弃运送宝鼎至台湾的念头。

对此，笔者以为此说恐难服人，因为当年运往台湾的诸多珍贵文物都曾是打包装箱以军舰或轮船运送，打包装箱者的体积及重量并非都逊于后母戊鼎，何以被誉为"国之瑰宝"的后母戊鼎就不能起运呢？另外，当年国民党第三十二集团军司令官王仲廉又是如何将宝鼎从河南安阳用专车运送到南京的呢？

很显然，声称后母戊鼎的体积过大、重量过重而不易运往中国台湾之说，实在是愚弄世人长达60年之久的一大谎言。最可信赖的原因应该是当时人民解放军即将兵临南京城下，国民党政府负责组织运送珍贵文物至台湾的有关部门不得不有所舍弃，恰如当年挑选故宫博物院南下文物中最精华者起运台湾一样。不过，在此我们姑且不论后母戊鼎未能运往中国台湾的真实原因何在，反正它历经诸多波折之后最终留在了中国大陆，留给了大陆十几亿人民。

确实，新中国成立后后母戊鼎一直珍藏在南京博物院里，直到1959年中国历史博物馆（今中国国家博物馆）在北京落成，当时为了支持中国历史博物馆馆藏陈列，南京博物院便将宝鼎拨交给中国历史博物馆珍藏，就此后母戊鼎便成为了该馆的镇馆之宝。

蒋介石参观后母戊鼎

照片拍摄于1948年，中间站立着的是故宫博物院原院长马衡。

以上所述是后母戊鼎出土后的坎坷今世，那么它的前生又是怎样的呢？要想解答这一谜题，从"后母戊"这三字铭文着手考证，应该是最佳也最直接的一种解答方式。不过，长期以来鼎一直被称为司母戊鼎，关于"司母戊"这三字铭文到底应该做何解释，学术界至今仍没有一个能够使各方共同接受的权威说法，大致分歧有三：

一种解释认为此鼎是商王为祭祀他的母亲戊而铸造的，"司"即职司、官司、典司之意；另一种解释认为"司母戊"是一个氏族的名称；第三种解释则认为"司"即为"祠"，也是祭祀的意思。

后母戊鼎铭文

长期以来该鼎一直被称为司母戊鼎。20世纪70年代，学术界经过深入考证，认为"司"字或应为"后"字，原因是甲骨文和金文可以正写亦可以反写，"司"与"后"实际上是同一个字。

至于中国国家博物馆已将鼎的"司"字改为"后"字，学术界仍在争论当中，在此不赘。"司"字如此，那么"母戊"又是谁呢？对此，也有三种不同的解释：一是认为"母戊"可能是盘庚迁都至殷（今河南安阳）后第九代商王武乙的配偶妣戊，也就是第十代商王文丁的母亲，后母戊鼎是文丁为母亲所铸造的祭器；二是著名考古学家陈梦家先生根据甲骨卜辞中，只记载有文丁的配偶为妣癸一说，并没有文丁之子、第十一代商王帝乙配偶的记载，遂推测说"母戊"可能是帝乙的配偶；三是认为"母戊"可能是盘庚迁都之后第四代商王武丁或第六代商王祖甲的配偶，铸造后母戊鼎者可能是第五代商王祖庚、第六代商王祖甲或第七代商王廪辛、第八代商王康丁。如果按照前两种解释，后母戊鼎当属于殷墟后期之遗物。而如果按照第三种解释，宝鼎则属于殷墟前期之遗物。鉴于此，当殷墟正式发掘并揭开其神秘的面纱之后，考古学家根据殷墟妇好墓出土后母辛鼎的形制、纹饰及文字风格等内容，与后母戊鼎进行详细比较研究之后，认为两者在这几方面都极为相近，遂认定后母戊鼎当属武丁、祖庚、祖甲时所铸造。

对此结论，世人已经广泛予以认可，今简述于此以供读者参考。

商四羊方尊
——世间百象 四羊有知

　　一般情况下，人们应该是从中学历史教科书中最先得知四羊方尊的，只是书本上介绍的内容往往过于概述和简略，远远不能满足人们因见闻增长等原因而逐渐强烈的求知欲望，以及日渐渴求深入探究的揭秘心理，何况四羊方尊不仅是中国出土诸多古代青铜器中的一件精品，而且其中还隐藏着一段狡诈与毁坏交织在一起的鲜为人知的旧日秘闻呢。

　　民国二十七年（1938）初春的一天，湖南宁乡县黄材镇月山铺村村民姜景舒，正在位于转耳仑半山腰上的一块自家田地里插栽红薯秧苗。突然，他用力刨下去的锄头被"当啷"一声震了回来，随即还从土里飞出一块破铜片。他好奇地弯腰捡起来一看，只见破铜片上镌刻有一些他难以分辨的古怪花纹。姜景舒隐约觉得地下可能有宝贝，便叫来兄弟和他一起挖掘。

　　果然，不久便挖出了一件造型极为奇特的青铜器来。只见这件高过膝盖的青铜器，器口恰似喇叭一样向四边延伸，只是这个喇叭口不是人们常见的那种圆形，而是四边均为52.4厘米的方形，几乎与器身58.3厘米的高度相接近，但是由于器身底部有4只脚踏实地的山羊支撑，从而使这件青铜器并不显得头重脚轻，反而给人一种沉稳端重的感觉。最为奇特巧妙的是，这件青铜器自颈部以下竟然设计成臀部连接在一起的4只大卷角山羊，4只山羊朝向四方站立，神态安详宁静又不乏威严，呈凛然不可侵犯状。4只山羊的肩部都雕刻着带有双角的蟠龙，羊背及胸部饰以鳞纹，羊腿及足部分别饰有长冠鸟

四羊方尊

四羊方尊，商朝晚期青铜礼器，祭祀用品，现收藏于中国国家博物馆。据分析，该器是用两次分铸技术铸造的，即先将羊角与龙头单个铸好分别配置在外范内，再进行整体浇铸，显示了高超的铸造水平，被史学界称为"臻于极致的青铜典范"。

和夔龙纹，整个青铜器身上下则以云雷纹为地，边角及每面中心线的合范处均为长棱脊，不仅掩盖了铸造时容易产生合范不严的弊端，而且还有效地改善了器物本身边角的单调感，使整个器物显得光洁刚劲而又充满气势。

毫无疑问，如此一件集线雕、浮雕和圆雕于一器的青铜雕塑作品，在雕塑家眼里实在是应该留传万世的稀有珍品。不过，朴实的农民姜氏兄弟除了对这件青铜器的奇特造型感到惊奇之外，还有一个极为朴素的想法，那就是它一定能换点钱补贴家用。于是，姜氏兄弟又在这件青铜器出土地的周边挖掘一番毫无收获之后，便找来一根麻绳将这件奇特的青铜器捆绑结实抬回了家。殊不知，他们抬回家的这件商代青铜器，就是后来被考古学家命名为"四羊方尊"的稀世珍宝。

湖南宁乡县虽然地处偏僻山区，但是黄材镇月山铺村村民姜氏兄弟挖到宝贝的消息，还是很快被在镇上开设一家名叫万利山货铺的老板听说了。于是，这个精明的山货铺老板当天就揣着现金来到月山铺村，找到姜氏兄弟表示说他愿意出资400块大洋买下他们挖到的宝贝。对于老实巴交的农民姜氏兄弟来说，400块大洋实在不是一笔小数目，简直可以在当地购置百余亩田地，所以他们一听这个山货铺老板愿意出此高价，便满心欢喜地答应了。

交易完成，万利山货铺老板立即将这件重达34.5公斤的青铜器宝贝运回到自己家中，第二天又派亲信伙计秘密前往省城长沙，约请与万利山货铺曾有过多次倒卖文物交易的怡丰祥皮货店老板赵佑湘，并叮嘱伙计说一定要告诉赵老板多带现金，否则这笔交易不能成交。有过多次良好合作的赵佑湘，非常相信与万利山货铺老板做生意的诚誉，所以他一听来人特别告知他要多带现金的嘱托，心里便明白万利山货铺一定淘到了非同

四羊方尊出土地

四羊方尊出土于湖南省宁乡县，出土地是一个小山包接近山顶的地方，当地文物局还在此地立碑纪念。此地还出土了另一件国宝级文物——商代大铜铙。

寻常的宝贝。

　　唯利是图的赵佑湘见有发大财的好机会，他是一刻也不愿意耽搁，当即就赶着马车直奔宁乡县黄材镇而来。不料，当赵佑湘风尘仆仆赶到万利山货铺店面时，不由得大吃一惊，只见店铺大门紧闭，白色封条上盖有鲜红的公章，两名荷枪实弹的士兵站立在大门两侧。见此情形，赵佑湘立刻明白万利山货铺被查封了，至于具体原因他则不得而知，不过他并没有惊慌失措地转身离去，而是掉转马车在黄材镇上找了一家旅馆住下，以便能够就近探听消息。

　　天色昏暗时分，赵佑湘若无其事地转悠到万利山货铺附近，发现山货铺的大门依旧贴着封条，那两名士兵则已经没了踪影，但他还是有些心绪不安不敢靠近。就在赵佑湘转身准备回旅店时，突然有一个人走到他身边低声地说："想看货，跟我走。"说完这句话，还没等赵佑湘分辨出说话者是谁时，那个人已经大步流星地往一条街巷里走去。赵佑湘稍一犹豫，便意识到说话者的声音并不陌生，随即他也跟着走进了那条街巷。

　　就这样，赵佑湘跟着那人在街巷里默默走了不大一会儿，见那人在一座破旧院落前停下脚步，用手在柴木门上有节奏地敲击了两下，只听木门"吱呀"一声被打开一条缝隙，从门缝里伸出一颗人头，赵佑湘紧着上前两步，看清开门者正是万利山货铺的老板，敲门者则是前往长沙通报消息的山货铺的那个伙计，于是三人迅速闪身进门。

　　原来，万利山货铺在被长沙警方查封之前，山货铺老板就得到消息说，此前他倒卖给长沙另一古董商的两件文物，在那古董商准备将其与其他文物一起走私海外时，被海关部门查获后移交给长沙警方侦办，从而追查到了万利山货铺。在长沙警方奔赴黄材镇查封万利山货铺前，山货铺老板得到消息后就溜之大吉，带着刚刚收购的四羊方尊躲了起来。因为先前山货铺老板已经约请赵佑湘前来看货，所以他并没有离开风声鹤唳的黄材镇，而是指示那个亲信伙计在暗中察看赵佑湘的动静，并择机带领他前来看货交易。这样，两个利欲熏心的商人终于在一座破败院落里相见，并展开了一场唯利是图的交易谈判。

谈判从看货开始，当山货铺老板揭开遮盖在四羊方尊上的那块绸布时，略有些文物见识的赵佑湘顿时眼睛就直了，摆在他面前的是他自倒卖古董文物以来从未见识过的青铜器瑰宝，这不由得使他情不自禁地想抚摸一下这件宝贝，而山货铺老板却急忙拦住了他已经伸出的手，并迅速将那块绸布又盖在了四羊方尊身上。赵佑湘稍一愣神，万利山货铺老板说："赵老板，货你看了，是宝贝不？"赵佑湘明白山货铺老板问话的用意，遂应声道："宝贝，确实是一件难得的宝贝，不知你要多少大洋？""8000块，一个子儿也不能少！"山货铺老板语气坚定，话音里没有丝毫可以回旋的余地。赵佑湘听音说话："行，8000块就8000块！不过，我的家底只有5000块，你得容我点时间回去筹措齐全。"山货铺老板似乎也很干脆："我容你3天时间，3天后一手交钱一手交货，过时不候。"

生意谈成，赵佑湘起身告辞万利山货铺老板，连夜赶回长沙筹集大洋去了。

赵佑湘开设的怡丰祥皮货店，是一个店面并不很大的中小商铺，虽然这些年经营得不错，再加上私下里倒卖古董文物也赚

象纹大铜铙

象纹大铜铙1959年出土于湖南省宁乡县，同时出土5件，这是其中铸制最为精良的一件。通高70厘米，铙间宽46.2厘米，重67.25公斤。现藏于湖南省博物馆。

了一些钱，但是让他在短时间内筹措到 8000 块大洋，可不像当年北平大古董商萧延卿等人那样财大气粗、出手阔绰。好不容易熬到第二天上午店铺开门，赵佑湘依然为筹措经费之事而一筹莫展。正在这时，店铺里来了 3 个人，赵佑湘抬头一看，不由得心里乐开了花，他们都是他倒卖古董文物的长沙同行，其中一个名叫杨克昌的，在长沙古玩行里颇有点名气。见这仨人到来，赵佑湘便将自己一人收购四羊方尊缺少经费的事和盘托出，并提议由他们 4 人共同出资来收购这件青铜器珍宝。赵佑湘提议一出，杨克昌等三人竟无一提出异议，真可谓是见利即上、一拍即合。于是，4 个一心追逐金钱的商人当即决定每人出资 2000 块大洋，并立即驱车赶往宁乡县黄材镇，准备与万利山货铺老板按照约定来完成这笔交易。

不料，当赵佑湘等人赶到黄材镇找到万利山货铺老板提出交易时，山货铺老板见他们 4 人结伴而来，心里顿时明白他们 4 人一定是合伙来收购四羊方尊的，随即他眼珠一转便将原先约定的 8000 块大洋又增加了 2000 块。赵佑湘等人对山货铺老板不按约定价钱交易的做法，虽然感到有些意外和不舒服，但是 4 人经过简单交流之后，便当即合伙出资 10000 块大洋买下了青铜瑰宝四羊方尊。

重利轻义，自古以来就是商人的一个代名词。赵佑湘 4 人虽然合伙收购了青铜瑰宝四羊方尊，也协商妥当非 20 万块大洋不出手的约定，但是 4 人心里则各有各的盘算。看了下面内容，读者一定会认可用"心怀鬼胎"这个成语，来形容当年赵佑湘等 4 人的心态是多么恰如其分。

是的，当赵佑湘 4 人将四羊方尊运回长沙后，他们始终是寸步不离地守护着这件青铜瑰宝，4 个人谁也不愿意外出去联系买主，因为每个人心里都担心自己一旦离开，另外 3 人一定会合伙算计自己。可是，如果没人外出联系买主的话，他们当初合伙收购四羊方尊以牟取暴利的梦想就不能实现。费尽心机之后，4 人终于达成了妥协，那就是每天轮流着由一个人外出联系买主，其余 3 人共同守护四羊方尊，如有买主前来则由 4 人一起出面参与交易商谈。

然而，4 个人中到底谁最先外出联系买主，又成为这 4 个缺少基本诚信的势利之徒感到头疼的问题，最后抓阄儿便成为他们公认的公平之举。于是，杨克昌不幸地抓到了那个倒霉的阄儿，可当他极不情愿而又无奈地走出大门后，心里便开始像十五个吊桶打水——七上八下起来，他心怀忐忑地在附近转悠了一圈，又悄悄返回原地躲在窗下偷听另外3人的谈话。果然，杨克昌刚在窗下隐蔽处躲藏好，就听到赵佑湘3人正密谋如何抛开自己，由他们3人分享即将到手的财富呢。窃听到这一密谋，杨克昌当时真可谓是气撞脑门，恨不得立即闯进去与赵佑湘3人拼个鱼死网破，可他转念一想自己势单力薄不是他们3个人的对手，如果闹起来吃亏的肯定是他自己，于是一怒之下他决定向长沙政府部门告发同伙。

其实，愚蠢的杨克昌如果能够再转念一想的话，即便赵佑湘3人合谋抛开自己，他们3人又如何外出寻找买主倒卖掉四羊方尊呢？不过，从某种意义上来说我们还真要感谢杨克昌的愚蠢，如果不是他一怒之下向长沙政府部门告发，我们今天能否领略到四羊方尊那独树一帜的青铜魅力，也许还是一个未知数呢。抛开插话，我们且看长沙政府部门是如何收缴青铜瑰宝四羊方尊的。

得到杨克昌的告发之后，长沙政府部门立即派遣保安队前去收缴四羊方尊，可是等到他们冲进存放青铜瑰宝的怡丰祥皮货店时，赵佑湘等3人与四羊方尊却都不见了踪影。为保安队带路的杨克昌低头看了一眼原先放置四羊方尊的桌面，发现垫在青铜瑰宝下面的那块绸布印痕清晰，遂认定赵佑湘3人肯定是刚刚携宝而去，有可能还没能离开怡丰祥皮货店。于是，杨克昌轻车熟路地带领保安队追踪至店铺的后院，在后院草地上他又发现了一个方方正正的印痕，他确定这个印痕就是四羊方尊所留，遂更坚信赵佑湘3人就躲藏在这后院之中。

果然，一名保安队员在后院搜查过程中，在一只石凳旁找到了一个隐蔽的地窖洞口，打开覆盖在地窖洞口上的青石板，浑身颤抖的赵佑湘3人正抱着四羊方尊躲藏其中。随后，赵佑湘等人被移交有关部门惩办，四羊方尊则被运送到湖南省国民政府，一度成为时任湖南省政府主席张治中将军的心爱之物，后来迫于舆论压力才转交由湖南省银行保管。

遗憾的是，当时正值日寇入侵国宝遭受劫难之日，保藏在湖南省银行仓库里的四羊方尊竟然也在劫难逃。确实，就在青铜瑰宝四羊方尊交由湖南省银行保管不久，湖南省国民政府迫于日寇日益逼近的淫威，不得不从省会长沙迁往沅陵，湖南省银行也同时随迁到了沅陵。随后，长沙在日寇铁蹄的蹂躏下沦陷了，不久沅陵也遭到了日寇飞机的轰炸，刚刚搬迁至此的湖南省银行所在地竟被炸成一片废墟，青铜瑰宝四羊方尊就此便消失了它的迷人踪影。

光阴荏苒，时间到了1952年，中国人民共和国文化部不知从何处获知了四羊方尊的有关线索，遂指示刚刚成立的中南文化部立即追查这件青铜

文物修复专家张欣如

张欣如（1918—2008），文物修复专家。经张欣如修复的青铜器中有许多已列入博物馆一级藏品，如商代四羊方尊、商代人面鼎、牺首四面纹方尊、四猪尊、西周兽面纹鼎、动物纹提梁卣。另有商代的猪尊、牛尊、象尊、铜罍以及春秋铜瓶等。尤其是四羊方尊，已被列为国家博物馆的镇馆之宝。

瑰宝的下落。于是，中南文化部迅速成立一个特别调查组，先是奔赴国民政府湖南省银行在沅陵的所在地调查，面对一堆残垣断壁了无头绪之后，又返回国民政府湖南省银行的长沙原址调查，结果依然是毫无所获。

也许是青铜瑰宝素有灵光，几个月后湖南省文物管理委员会得到消息说，职工在清理国民政府湖南省银行仓库时，发现了一批散乱在地上的文物古董。湖南省文物管理委员会立即指派蔡季襄等人赶赴现场，在对所发现文物古董进行细致清理验收后，并没有发现四羊方尊的踪迹。而就在众人感到有些失落时，蔡季襄却把目光投向了银行仓库里零乱堆放在墙角的一只大木箱，撬开木箱后先是有几块破旧铜片散落下来，接着一只雕刻精美的羊头出现在人们眼前，经验丰富的蔡季襄当即认定这正是中央下令追查的青铜瑰宝——四羊方尊。

原来，当年国民政府湖南省银行随迁沅陵时，并没有舍弃青铜瑰宝四羊方尊，而是精心装进一只大木箱里运送到了沅陵，随后则与银行所在地一同遭受日寇飞机轰炸而碎成数块。抗战胜利后，国民政府湖南省银行迁返长沙，四羊方尊碎片也原封不动地被运回长沙，并放置在这间仓库里。再后来，国民党仓皇撤离，湖南长沙获得新生，中共湖南省人民政府所属的湖南省人民银行虽占据原地，但是由于工作人员频繁更替，四羊方尊

张治中戎装像

张治中（1890—1969），中华民国高级将领，著名爱国将领，安徽省巢县（今巢湖市）黄麓镇洪家疃人。黄埔系骨干将领，国民党陆军二级上将。1937年11月起，任湖南省主席。

碎片也就湮灭在岁月风尘之中，再也没人过问和关注了。而今，"四羊"有知，重返人间，湖南省文物管理委员会便指派青铜器修复专家对青铜瑰宝加以精心修复，从而使"四羊"重获新生。

1959年10月1日前，中国历史博物馆（今中国国家博物馆）落成后准备举办国庆10周年展览时，四羊方尊与后母戊鼎一样欣然落户其中，成为中国历史博物馆又一镇馆之宝。

商皿天全方罍

——罍中之王　身首异处

2001年3月20日，在美国纽约佳士得拍卖行举行的亚洲艺术品拍卖会上，一件来自日本藏家的中国商代青铜器器身以924.6万美元（含手续费折合人民币约9000万元）的天价成功拍卖，这不仅创造了东方艺术品在国际市场上的最高纪录，在全球范围内掀起一股热议中国商周青铜器的狂飙，而且也深深触痛了中国文化艺术博物馆界及广大民众的心，特别是藏有这件青铜器器盖的中国湖南省博物馆人员更是激愤难平。

那么，这是一件什么样的青铜器，它是如何被切割得身首异处后又流落海外出现在拍卖会上的呢？

皿天全方罍器身

商代制作，现藏于湖南省博物馆。器身通高63.6厘米。该器形体高大、富丽堂皇，是迄今为止出土的方罍中最大、最精美的一件，堪称"方罍之王"。

民国九年（1920）夏天，一场连绵梅雨袭击了江南的荆湘大地，原本丘陵地貌被雨水冲刷得沟沟坎坎，现出了黄色土地的本来面貌。这一天，湖南省桃源县漆家河终于迎来了雨过天晴，村民们纷纷走出家门整理被雨水冲坏了的自家田地，其中一位村民突然在黄色河沟边发现了一片绿色，走近细瞧竟是一件造型奇怪的物件，于是便与儿子用铁锹将这物件挖了出来，原来是一件外表深褐、莹澈如玉的青铜器，随即父子俩把它抬回家藏了起来。

时隔不久，漆家河村来了一位姓石的湖北商人，可他住在客店里一个多月也没见去做什么生意，只是每天从早到晚到田间地头转悠，哪怕是刮风下雨也不例外，好像是在寻找什么东西，这让村民们都感到很奇怪。有一天，这位石先生一大清早又起床出了门，根本没有顾及满天飘洒的蒙蒙细雨，又在漆家河附近的田地里转悠起来。

时近中午，突然狂风大作，暴雨倾盆，石先生不得不一路奔跑进村，来到一户农家避雨。农家主人见是外地人石先生，便热情地让小孙子端上了一碗茶水，石先生接过茶碗连声道谢，随即从衣兜里掏出几块银元塞给那孩子，说是留给孩子买些零食吃，这让农家主人感到很是过意不去，便挽留石先生在家中吃完午饭再回客店。石先生客套一番也就答应了。

于是，农家主人便忙活着做饭招待客人，石先生则很友善地与农家主人的小孙子闲聊起来。当石先生从孩子口中得知其家中藏有一件青铜器时，不由得内心里一阵狂喜，因为这正是他一个多月来苦苦寻找的宝贝。不过，石先生并没有表现出欣喜若狂来，只是很随意地向农家主人提出来看一看，农家主人碍于情面便将那件青铜器拿了出来。石先生一见，就说自己愿意出400块银元买下它，这让农家主人惊诧不已——400块银元对于他们农家来说简直就是天文数字，于是在惊诧之后便毫不犹豫地答应了。

不一会儿，农家主人的儿子回到家中，听说石先生愿意出400块银元买下这件青铜器，他在感到吃惊的同时又产生了怀疑：难道这件青铜器果真是宝贝吗？于是，农家儿子趁着父亲与石先生吃饭的时候，提着这件青铜器的盖子出了门，他是想让村小学钟校长看看这到底是件什么宝贝，因为钟校长是村里最有学问与见识的人。果然，当钟校长见到这件青铜器的盖子时，当即表示自己愿意出 800 块银元买下这件青铜器，并让农家儿子赶快回家取来器身。

农家儿子听了钟校长的这番话，不由得欣喜若狂向家中飞奔而去，一边跑还一边高声喊道："我发财了！我发财了！"农家儿子的狂喜声，让村民们都感到莫名其妙，而当机警的石先生捕捉到这一喊声时，则顿时明白了将要发生什么，随即扔下装有 400 块银元的袋子，抱起那件青铜器器身夺门而去。从此，这件因器盖内刻有"皿天全乍（作）父已尊彝" 8 字铭文而被专家命名为"皿天全方罍"的商代晚期青铜重宝便身首异处，并开始了各自传奇的漂泊生涯。

且说皿天全方罍盖被钟校长获得后，他为了使这件身首异处的青铜器合二为一，便呈请桃源县当地驻军某团团长周磐缉拿"奸商"石先生，没想到儿个月后这位石先生经人介绍也找到周磐团长，表示愿意出价 45000 块银元购买器盖，并许诺说事成之后还将支付给他 30000 块银元作为酬劳，而这位周磐团长却不知何故没有答应他的这一要求。

既然如此，神通广大的石先生随即又找到周磐团长的上级——驻扎在常德的某师师长贺耀祖，

皿天全方罍器盖

商代制作，现藏于湖南省博物馆。器盖通高 21.5 厘米。

不久这位贺师长便派人找到藏有这件皿天全方罍盖的钟校长，而钟校长则将器盖藏了起来，使来人无功而返。随后，钟校长因惧怕贺师长再来纠缠，便再次找到周磐团长，表示自己愿将器盖捐献国家，但求政府能资助部分经费修缮村里的校舍。对于钟校长的这一要求，周磐团长当即支付给他5000块银元与一张5000元的期票，而这件青铜器器盖则就此成为周磐团长私人所藏。

这时，湖南省桃源县出土青铜器的消息已经传扬开来，不仅湖南省政府主席赵恒惕要求有关部门尽快追缴，就连段祺瑞执政的北洋政府也"严令追缴"。这位周磐团长一直以拖延之术敷衍应对，直到民国十五年（1926）北伐战争开始时，北洋政府才无暇顾及此事，这件青铜器器盖便一直由周磐团长秘藏家中。在此期间，那位湖北商人石先生先是将这件青铜器器身以高价卖给了上海的李文卿与马长生，随后李、马二人又将其倒卖给了美国的煤油大王。得到这件青铜器器身的美国煤油大王为了得到器盖，又辗转找到石先生委托其以14万块银元购买器盖。于是财大气粗的石先生再次来到桃源县，不料却被遵照北洋政府与湖南省政府严令缉拿"奸商"的师长贺耀祖军队抓个正着，最后这位石先生只好缴纳10万块银元才被释放出来。

美国煤油大王闻知石先生的遭遇后，并没有放弃要得到这件青铜器器盖，而是再次派人携带20万块银元直接找到藏有这件器盖的周磐团长，后因周磐团长索要50万美金而未能成交。

转眼间，山河易主，天地变色。国民党军官周磐于1952年被中共湖南省人民政府捕获，他为了将功折罪不仅交出了这件青铜器器盖，而且写下"补充材料"详细交代了这件青铜器的出土与流传过程。随后，中共湖南省人民政府副主席金明亲自将这件皿天全方罍器盖送交省文物管理委员会，1956年省文物管理委员会又将这件器盖移交给湖南省博物馆保存至今。

那么，这件商代皿天全方罍器盖命运如此，流落美国煤油大王手中的那件器身又当如何呢？

据有关资料可知，美国煤油大王因未能得到皿天全方罍器盖，将器身转售给了日本大阪一位收藏家，这位收藏家后来也因不能使这件青铜器完整合一，又将其转售与东京著名收藏家Asano先生。这位Asano先生为了使皿天全方罍完整合一，开始在世界范围内的拍卖市场上搜寻，因为他并不知道器盖藏在中国湖南省博物馆的库房里。后来他在英国某拍卖会上获得中国春秋时期的一件青铜器盖，可该器盖的纹饰、大小与颜色等均与器身不能相配，遂又开始了他寻找皿天全方罍器盖的历程。

功夫不负有心人，就在这位 Asano 先生满世界搜寻皿天全方罍器盖的同时，时任中国湖南省博物馆馆长的高至喜先生，也在到处打听这件青铜器器身的下落，直到他于 1964 年主编《湖南省文物图录》时，也因未能获得这件青铜器器身的确切消息，只好在该图录中先行刊布这件器盖的有关资料。而正是由于这一缘故，这位 Asano 先生才有机会偶然从一位中国学者手中看到了这则资料，随后他多次来到中国湖南省博物馆，对这件器盖进行详细测量考证，发现除了该器盖内铭文比其所藏器身上铭文多出"天全"两字之外，其余部分均十分吻合，由此而知即便这两者不是原配，至少也应该是皿氏家族同时铸造之器。

后来，双方由于种种原因未能使这件青铜器配套合一，皿天全方罍器身在冷战中逐渐淡出中国人的视线。

到了 1992 年，时任上海博物馆馆长、著名青铜器专家马承源先生应邀来到日本访问期间，竟然在一位日本友人家中与这件皿天全方罍器身不

美国煤油大王

　　小约翰·戴维森·洛克菲勒（1874—1960），美国标准石油公司创办人、亿万富翁约翰·洛克菲勒的儿子和唯一的继承人，也是著名的洛克菲勒五兄弟的父亲。

期而遇。于是，马承源先生立即询问关于这件器身的来历，日本友人告知说这是他在 20 世纪 80 年代中期从英国以巨资购藏的，也一直是自己最钟爱的藏品之一。而当马承源先生告知说这件皿天全方罍还有一件器盖，且就珍藏在中国湖南省博物馆时，这位日本友人不由得惊诧不已，专程来到中国与这件他从未曾听说过的器盖见面，随后又表示他愿意出资 30 万美元为湖南省博物馆新建一座陈列馆，另加一件中国西周早期青铜器器盖为条件，来换取这件皿天全方罍器盖。

对于日本友人所提这一条件，湖南省博物馆曾专门派员前往日本进行考察洽谈，终因一些难以逾越的法律问题，而使皿天全方罍错过了身首合一的机会。此后，中日双方几经努力想在上海博物馆及新加坡举办相关展览，而促使皿天全方罍身首相合，最终都由于种种缘故而未能如愿。

马承源

马承源（1927—2004），主要从事青铜器、简牍研究和鉴定。1954 年起就职于上海博物馆，历任保管部副主任、青铜研究部主任和上海博物馆馆长。

再后来，这位日本友人遭遇事业与家庭的双重打击，遂决定将这件皿天全方罍器身送往美国出售。上海博物馆与北京保利艺术博物馆闻讯后，联合筹集一笔巨款前往美国

参加竞买，期望这一次能使这件身首异处的中国青铜瑰宝完整合一。不料，法国一位买主在这场美国佳士得亚洲艺术品拍卖会上，竟以高出中方近四成的价格将其竞拍而得，致使皿天全方罍再次失去了身首合一的机会。

那么，人们不禁要问，这件皿天全方罍到底是何宝物竟能价值约 9000 万元人民币天价呢？

确实，这件铸造于商代晚期的青铜重器——皿天全方罍，不仅本身铸造工艺精妙绝伦，而且还承载着一段足以填补史实的传奇故事。器身高 63.6 厘米、器盖高 21.5 厘米的皿天全方罍，器物外表是典型"黑漆古"的深褐色，器盖呈中国传统建筑那种四坡屋顶形，顶上有与器盖形状相同的提手，器身肩部较宽，两耳含环，长腹，方形圈足，腹下方有鼻纽，器盖与器身以子母口相扣合，整个器物四周及各面中心线的合范处，均装饰有突起的长条钩戟形扉棱，从而巧妙地掩盖了合范处铸痕，不仅对边角起到一种装饰作用，而且也大大增加了器物本身的造型气势。

全器以细云雷纹为地，

商方罍器身

商代晚期制作，高 53 厘米，现藏于上海博物馆。罍是流行于商代晚期至西周中期的大型盛酒器。

上饰深峻兽面纹与夔龙纹，圈足则饰凤鸟纹，从而使其显得形体高大而又富丽堂皇，因此世人称这件迄今为止中国境内出土青铜方罍中器型最大、纹饰最美的皿天全为"方罍之王"。

罍是中国古代用青铜制作的大型盛酒器。在中国第一部诗歌总集——《诗经》中，就曾多次提到罍这种盛酒器，比如《诗·周南·卷耳》有"我姑酌彼金罍"一句，意思就是说："我姑且斟满那酒罍吧。"作为人类历史上的一项伟大发明，青铜是世界冶金铸造史上最早的合金，主要是在红铜里加入锡与铅之后使熔点降低、硬度增强，从而形成一种新的合金，由于这种合金历经几千年的化学反应，其表面会出现一层青灰色的锈，所以今人谓之曰"青铜"，而古人则将这种合金称为"金"，这也就是《诗经》中称青铜罍为金罍的缘故。事实上，这种"青铜之金"虽然不是现代意义上所说的黄金，但是在先民眼中却要比黄金还要贵重，至于今天人们对待中国商周之青铜器，同样要比黄金看得有过之而无不及。特别是出现在商代晚期的青铜罍，由于流行时间短暂致使传世数量极少，尤其是青铜方罍则更属极为罕见之稀世珍宝了。

另据史料记载，这件商代晚期的青铜皿天全方罍，原是2000多年前西汉文帝爱子梁孝王刘武所珍藏，而这位当时富可敌国的大收藏家在临终前的遗嘱中，曾特别对儿子刘买说："此罍价值万金，要好好收藏，切勿给予别人。"刘买继承王位后，始终谨记父亲刘武的遗训，对这件皿天全方罍珍爱有加，没有使其散失。10年后，刘买不幸病逝，其子也就是刘武的孙子刘襄继位，是为梁平王。

最初，梁平王还能恪守祖训珍视这件皿天全方罍，可他的王后却是一个十分贪婪的女人，当她得知王府库房中珍藏有一件价值连城的青铜珍宝后，总想能据为己有而后快，于是她便央求丈夫梁平王将这件青铜珍宝赏赐给她，而这时依然健在的祖母李太后也就是刘武的王后，知道后严厉地对孙媳妇梁平王王后说："先王有遗命，不准把罍给任何人！其他物品，即使价值千万，都任你挑选。"

对于祖母李太后的这番话，宠爱王后的孙子刘襄却不以为然，他不仅没有听从祖母的劝阻，反而与祖母赌气将这件祖传皿天全方罍赏赐给了王后，这让李太后十分恼怒，而梁平王夫妇也因此对祖母产生了怨恨。后来，年老体弱的李太后因病而死，梁国一位名叫犴反的人便向朝廷告发了这件事，遂激怒百官呈请当朝皇帝废黜刘襄的梁平王爵位，并要求将有不赦之罪的梁平王王后斩首示众。当朝皇帝体恤梁平王是刘氏后裔宗亲，虽然没有废黜刘襄的王爵，但是却依法削减其 8 座城市的封地，而那位贪得无厌的王后则遵照百官所请，被绑赴刑场斩首示众去了。

由此可见，承载着中国顶级青铜铸造工艺与传奇史实的这件皿天全方罍，在美国佳士得拍卖会上能拍出当年亚洲艺术品价格的世界纪录，也就是理所当然的事了。

商虎食人卣

——人虎相拥　匪夷所思

　　1998 年，一件流失海外多年的造型奇特的中华国宝级青铜器——虎食人卣（亦有"虎卣"之称）出现在上海博物馆的展厅里。当人们蜂拥前往参观时，竟看到了一则由法国时任总统希拉克亲自撰写的让人感到匪夷所思的展览序言：

　　承赛努奇博物馆盛情，法国得以向上海人民展示一件稀世之珍——"虎卣"，诚为幸事。虎年而有此举，我更是感到由衷高兴。但是，巴黎的"虎卣"仍有神秘难解之处：它或许是猛兽图腾在吞食小儿形状的鬼魅——中国专家多取此说，或许是作为氏族祖先的虎母。在西方的神话里，人祖是宙斯这样的人格神，变成动物去勾引女子。亚洲的神话则不同，是以神兽作为人母。此卣相传出土于湖南，而南方传说正好予以有力的印证。

　　传说称楚国太子幼受乳于母虎，一如罗马建城传说母狼哺养罗慕路斯与雷穆斯的故事。按说深藏古墓之物铜绿斑斓，往往令我们格外心醉，然而此物乌光温润，格外迷人，更符合中国古代文人偏好素雅的情趣。这件在我们巴黎典藏中落户、教育观众并使之销魂的"虎卣"，再度表明——倘若还需表明——它是连接东方和西方的纽带。

　　阅读至此，至少有两点让人们感到匪夷所思：一、既然虎食人卣是中华国宝，它怎么就成了"法国得以向上海人民展示一件稀世之珍"呢？或者说这件"相传出土于湖南"的青铜器是如何在法国"巴黎典藏中落户"的？而此次又因何来到中国上海进行展览？二、虎食人卣这件青铜器的奇特造型到底寓意着什么？

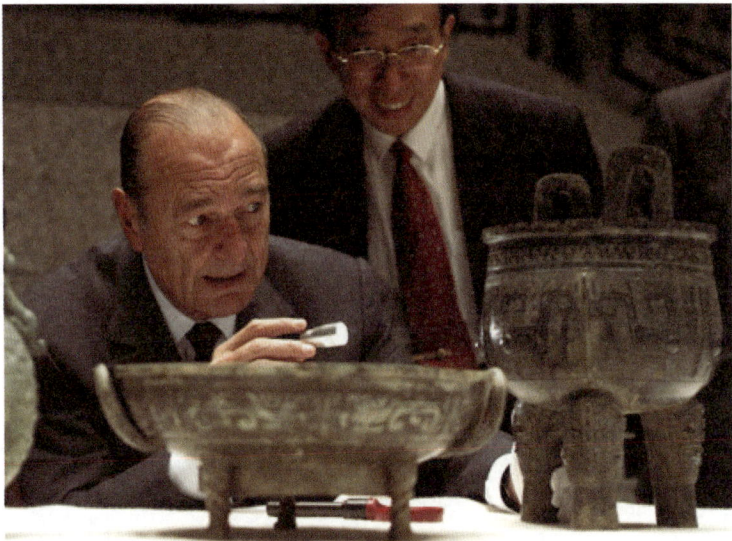

希拉克参观上海博物馆

1997 年 10 月 11 日下午，正在上海访问的法国总统希拉克参观上海博物馆青铜器馆，仔细观看青铜鼎上的图案。

其实，第一个疑问应该包含两个方面的内容：一是这件虎食人卣是如何流失到法国的，二是这件虎食人卣因何机缘得以回到它的故乡中国举行展览。由于第一个疑问的第二点较为简明，述此即过：1997 年，时任法国总统希拉克在中国访问期间来到上海博物馆参观，并与时年 73 岁的中国青铜器界泰斗马承源馆长一见如故，当马承源馆长将自己历时多年编撰的《中国青铜器全集》（前 14 卷）赠送给希拉克总统作为纪念时，便奠定了法国色努施奇博物馆作为"交换"而于第二年将该馆所藏这件虎食人卣送到上海博物馆举行展览的基础，并得到了希拉克总统亲自撰写序言的重视。

而关于第一个疑问的第一点，至今不仅没能取得一个大众广泛认可的确切解答，反而因为一些人不加考证便提出揣测或写上一段似是而非的文字，导致歧义丛生、莫衷一是。比如，有人认为在"巴黎典藏中落户"的这件虎食人卣是色努施奇博物馆第一任馆长亨利·达且·德·提萨克于民国九年（1920）购得，至于购自何处则不着一字或讳莫如深；还有人认为色努施奇博物馆早期藏品全部来自19世纪避难于法国的意大利商人亨利·色努施奇于1896年之捐赠，而亨利·色努施奇是在清同治九年至十一年（1870－1872）间在中国旅行了两年，也就是说他是在这两年间于中国购藏了这件虎食人卣。据中国近代著名金石学家罗振玉（字叔蕴，号雪堂）撰写于清光绪三十四年（1908）底的《俑庐日札》中，就有关于虎食人卣之记载，可以肯定地说他在此前三年间曾于北京厂肆或同好友人处"留玩"过虎食人卣，抑或他本人就曾出资购藏过虎食人卣。

不过，至于罗振玉或见过或"留玩"或购藏过的虎食人卣是否是如今法国色努施奇博物馆所藏的这一件，由于没有确凿文献记载还不得而知，因为目前日本京都泉屋博物馆亦藏有一件与此几乎毫

马承源与希拉克

1997年10月11日，法国总统希拉克参观上海博物馆时，馆长马承源将自己编撰的《中国青铜器全集》（前14卷）赠送给希拉克。

无二致的虎食人卣，而罗振玉不
仅与日本学术界交往密切，还曾
于民国初年（1912）携带难以计
数的中国文物瑰宝避难于日本，
后来因开销过大而不得不出售一
些自己珍藏多年的中国古物。另
据有关史料记载，于民国九年
（1920）5 月入藏日本泉屋博物
馆的这件虎食人卣，是日本望族
住友氏于清光绪二十九年（1903）
从日本京都古物商处所购，而这
时罗振玉还没有携带中华古物避
难于日本，何况罗振玉是否购
藏过虎食人卣还是一个疑问呢，
因此这就使问题变得更加诡秘莫
测了。

　　确实，行文至此不仅没有解
决法国色努施奇博物馆所藏这件
虎食人卣之来源，而且还牵扯出
了今藏日本泉屋博物馆的另一件同名青铜器来。
不过，有一点是可以确定的，那就是如法国总统
希拉克在那则展览序言中所说，法国色努施奇博
物馆所藏虎食人卣与日本泉屋博物馆所藏同出中
国湖南安化县与宁乡县交界处，并几经辗转流出
国门后为这两家博物馆所藏。

　　那么，虎食人卣是怎样一件中国青铜重器？分
藏于法国与日本的这两件虎食人卣到底又有何区
别呢？

虎食人卣

　　商代晚期制作，高35.7厘米，
重5.09公斤，日本泉屋博物馆藏。
相传出土于湖南省安化县与宁乡
县交界处。正面来看，虎威传神，
张口獠牙，前脚利爪抱紧一似人
非人似鬼非鬼之物。

作为中国青铜时代一种重要的盛酒器——卣，通常的形状是椭圆口、深腹、圈足，与同时代的青铜酒器诸如觥或盉不同或者说最大的区别，就是卣具有可以活动的盖与提梁，所以又有提梁卣之俗称。又据古文献与青铜器铭文中常有"秬鬯一卣"之说，而"秬鬯"（以郁金香与黑黍酿造而成的一种酒）作为中国古代祭祀时使用的一种香酒，亦可知卣还是商周先人祭祀时盛酒的一种礼器，这便赋予了卣比较高贵而神秘的宗教色彩。

另外，动物作为中国古代青铜器中常见的一种造型——象生器，由于原始社会遗留下动物图腾制度的影响，又使这类青铜器与光素无纹亦无文的青铜器更具有研究价值，也更受到商周先人的普遍喜爱与青睐，比如这件虎食人卣。确实，作为自然界中百兽之王的老虎，历来就是一种威赫权势的象征，这在商周时期象生类青铜器上或者青铜器的纹饰中可得佐证，比如著名的商代后期王室青铜祭器——后母戊鼎的耳部外郭就饰有一对虎纹，而两虎口相向中竟然是一颗人头，好像人将要被老虎所吞噬一般，这与本文主角虎食人卣除了雕刻手法不同之外，其寓意起码是相近或者说就应该是一致的。

且看虎食人卣青铜器之造型：

虎食人卣

商代晚期制作，高35.2厘米，重6.5公斤，法国巴黎赛努奇博物馆藏。造型与形态与流失日本的虎食人卣相同。此器曾在上海博物馆展出。

这是一只呈踞坐状的猛虎，虎尾与两只后爪形成了比较稳定的三足支撑点，两只前爪则抱持一人，正将此人置于那张几乎占据身体 1/3 大的獠牙虎口下，这种作啃噬状的造型着实有一种惊心动魄的感觉。然而，面对这只眼似铜铃、齿如斧锯的猛虎，此人身体却似在与虎相拥，双手很自然地搭在虎肩上，即便眼睛同样睁得溜圆，但是微微上翘的嘴角又似含有一种期待，或者说完全是一种不可捉摸的惶恐式喜悦。于是，各路专家学者开始对虎食人卣这种奇特造型进行锲而不舍的考证与诠释，可至今也没有一个让大众信服的答案。比如，以往有一种带有鲜明时代特征的观点认为，猛虎啃噬的是一名奴隶，表明奴隶主为镇压或恐吓奴隶服从自己的管理而铸造了这一恐怖残酷形象。对此，随着学术氛围逐渐摆脱政治禁锢之后，有人指出在商代奴隶主杀戮奴隶是一件极为平常之事，何须借助老虎来威吓呢？

　　诚如斯言，接着便有了辟邪一说，认为虎食人其实是"虎食鬼"，借助猛虎那种神秘威慑力量来驱赶鬼魅之凶恶，从而创造一种和谐吉祥的社会秩序。

　　与此基于宗教角度解析相近的，还有人认为："虎食人卣的形象，并不是虎正在食人，

虎食人卣局部

　　此为日本泉屋博物馆藏品。猛虎口中似人非人似鬼非鬼之物，双手高攀虎肩，面无恐惧表情，腿部蛇纹，衣肩菱形方格纹，双脚半蹲，踏于虎足上。

只是虎张着口，而人将头放入兽口中，人兽则相互拥抱着，这人是正在作法的巫师，他正借助动物的力量沟通天与地、人与神，这里的虎便成了沟通人神的媒介物。就是说，这类青铜器上的动物成了巫觋借通天地的交通。"

近来又有学者认为，虎食人卣造型"象征着人的自我与具有神性的动物的合一，因为虎历来代表一种权威或势力，人通过被其吞食（"神物"与人的合一）便可取得这动物的保护"。

综观这些立足点不同的见解，似乎都有一定的合理性，那么哪一种更接近商人铸造这件青铜器之原意呢？而随着时间的流逝，人们是否还会赋予其新的解析呢？

匪夷所思的寓意使虎食人卣充满了神秘色彩，而独树一帜的铸造工艺与繁复纹饰又赋予其无穷魅力。众所周知，中国古代青铜器向以气势恢宏而又精巧绝伦著称于世，这主要取决于古代工匠在铸造工艺方面所表现出的杰出的天才创造，比如盛行于商周时期的陶范法。

关于陶范法，大致有这么5个步骤：第一步用特制黏土做出待铸青铜器的实心泥模，第二步用湿黏土分块敷在泥模上而制出外模（即"外范"），第三步将实心泥模外面刮去一层以留出浇注铜液的凹槽（即"内范"），第四步将外范与内范对合成整体后浇注铜液，第五步打碎外范取出青铜器后再修整黏合其上的内范黏土便成功了。

由于一套内外范只能铸造一件青铜器，所以从一定意义上来说中国古代青铜器都是独一无二的，即便后来工匠们发明了连铸法，但是那时只能铸造造型简单而花纹简洁的钱币之类，像虎食人卣这种造型极为独特、纹饰极为繁复的青铜器，竟然出现了极为相似的两件流传于世，这实在是一件难以想象的奇事。确实，当人们细心欣赏这件虎食人卣青铜器时，发现在虎口内部有一条比较清晰的范痕，而这条范痕与处在虎口内的人头发际、耳缘及人背中线相对，这表明虎口内腔部分与人首部分是用两块相互咬合的小范铸造而成。于是，有人便揣测说这应该是工匠在打碎外范取出青铜器时，发现内范竟然保存得比较完好，遂又重新翻制外范而铸造了第二件虎食人卣。至于现藏于法国与日本的两件虎食人

卣出现人左耳大小不一、猛虎左
眼下花纹有别之差异，那是由于
内范稍有损毁而工匠们重新铸造
黏合所致。限于目前还没有出现
最能使人信服之权威解释，权且
留此一说作为参考。

　　另外，通观这件虎食人卣之纹
饰，发现它不仅涵盖了中国古代青
铜器身上诸如兽面纹、云雷纹与夔
龙纹这三种主要纹饰，还有蛇纹与
鳞纹这类比较少见的纹饰，这无疑
增加了铸造工艺上的难度。不过，
这些都没有使铸造这件虎食人卣青
铜器的工匠们知难而退，反而激
发了他们卓绝非凡的聪明才智，
铸造出了这件既有写实性又有
装饰意味，同时还蕴含浓郁神话
色彩的神奇青铜瑰宝。

　　最后，关于这件名为"虎食人卣"青铜器之
名称问题，不仅原先有因虎口正欲吞噬人头这一
造型而称之为"饕餮食人卣"之名，而且还有如
今为专家学者广泛认可的"虎卣"之称。不过，
据《吕氏春秋·先识览》中有"周鼎著饕餮，有
首无身，食人未咽，害及其身"之记载，人们发
现这件青铜卣虽有食人之相，但是并非"有首无
身"，于是才抛弃了"饕餮食人卣"之称；由于
这件青铜卣之造型奇特得让人匪夷所思，特别是
人们对"虎食人"寓意之莫衷一是，遂采取了比

妇好鸮尊

　　商代制作，高49.5厘米，中国国家博物馆藏。此尊以鸮做生活原型，宽喙高冠，圆眼竖耳，头部略扬，挺胸直立，双翅敛羽，两足粗壮有力，同垂地的宽尾构成一个平面，给人沉稳之感。

较中性的"虎卣"名之，这与宋人为商周象生类青铜器命名时只在器物之前添加动物名称这一做法相吻合，比如象尊、虎尊、牛尊、马尊、羊尊、鸮尊，等等。

然而，由于人们先入为主的习惯性心理，以及对虎食人卣名称如此的耳熟能详，我们在此还是称之为"虎食人卣"吧。

商人面盉

——商人模样　科学猜想

　　这是一件惹人猜想的商代青铜酒器，因为其人面龙身造型实在容易让人们把它看作是商人中的一员，并由此对遥远的商人模样产生种种猜想，这就是现藏于美国弗利尔美术馆的中国商代青铜重器——人面盉。那么，商人到底是怎样的人？他们的模样、性格、思想、作为与今天的我们又有何联系呢？

　　很显然，要想了解关于商人的以上情况，我们着实应该首先用心来吟诵《诗经·商颂》中的诗句：

> 天命玄鸟，
> 降而生商，
> 宅殷土芒芒。
> 古帝命武汤，
> 正域彼四方。
>
> 　　　　《诗经·商颂·玄鸟》
>
> 商邑翼翼，
> 四方之极。
> 赫赫厥声，
> 濯濯厥灵。

人面盉正面

　　商代制作，高 11 厘米，口径 8 厘米，河南安阳殷墟出土，美国弗利尔美术馆藏。大口、宽腹、圈足，盖为具有龙角的人面形，两耳有孔，人面仰天有上。器盖与器身连起来看，如同一个仰卧的人头，形态甚为奇异。

寿考且宁，

以保我后生。

《诗经·商颂·殷武》

　　短短几句，告知我们的信息却是异常丰富。首先，商人自认为是玄鸟后裔，即以玄鸟作为自己的始祖，且祖先崇拜现象极为庄严浓厚，这从商代青铜器上多饰凤鸟纹便足以说明。

　　与祖先崇拜并存或者说结合极为密切的，还有商人的上帝崇拜，比如司马迁在《史记·表记》中就曾这样记述商人的宗教观念："殷人尊神，率民以事神，先鬼而后礼。"正因如此，商人才特别强调"古帝（上帝）命武汤，正域彼四方"，即成汤是受天命而取代夏桀建立商王朝，并竭力向周边展开军事、经济与文化扩张的，而这也成为中国数千年封建王朝受天命更替之滥觞。

　　不过，如果我们今天剔除其中的神话与迷信色彩并参阅史料与考古材料的话，便不难得到这样一段史实：在成汤取代夏王朝末代暴君桀而建立商王朝之前，商作为夏王朝的一个方国已经存在了相当长的历史时期，这从《史记·序》中有"自契至于成汤八迁"一句可得证明，不过从中也可知道商人在成汤之前竟然多次迁徙族人的活动地域，但是这并不表明商人原本是一个游牧民族，因为迁徙的原因有异族压迫、自然灾害或为了得到肥沃土地而进行扩张等多种，这从民国十七年（1928）国民政府开始对殷墟遗址进行多达 15 次的科学发掘中已经得到证实。

那么，商人最早的活动地域在哪儿呢？对此，伟大学者王国维经过缜密考证后条分缕析地认为，"自契至于成汤八迁"应该是契居番、昭明迁砥石又迁于商、相土东迁泰山下又迁商丘、上甲微迁于殷又迁至商丘及成汤灭夏定都亳这么"八迁"。然而，商人似乎习惯于这种频繁的迁徙生活方式，因为"八迁"之后又有 5 次迁徙，即仲丁迁于隞、河亶甲迁于相、祖乙迁于邢、南庚迁于奄，直到盘庚定都于殷，这就是所谓的"殷人屡迁，前八后五"。虽然商人前后有多达 13 次的举族迁徙，但是其活动范围基本上没有跳出渤海沿岸及河南、河北等地，这也就是前面所说商人原本不是游牧民族之根源。

当然，也有学者认为商人族源在今天的京津一带，且极为肯定地强调属于蒙古人种，只是相关考古证据还不足以确证，权且存此一说。其次，商人虽然屡次迁徙活动地域，但是并没有疏忽制定约束族人的规章制度，特别是盘庚迁殷之后的 273 年间，更是将王权、官制、军队、民众等级、祭祀与刑罚等制度提高到了一种完善的程度。而正是因为有了这种相对完善制度的保障，才进一步促使商族文明的辉煌与发达，比如最能

商汤画像

商汤（？—约前 1588 年），商朝的开国君主，前 1617—前 1588 年在位。今人多称商汤，又称武汤、殷汤、天乙、成汤、成唐，甲骨文称唐、大乙。

汤

顺天应人　本乎仁义
以贤辅忠　罔日求旧
盘铭一德　亲林六事
人祀肇修　垂千万岁

反映商人时代特色与工艺技术水平的青铜铸造业，简直达到了空前绝后的精妙地步。

当然，商人除了拥有分工精细且门类齐全的手工业之外，还在农业、畜牧业及渔猎等方面取得了赫赫成果，以至于有些做法影响至今。另外，商人还是一个充满母性的民族，不仅祈愿自身健康安宁，而且希望这种福荫能够庇佑后人。

总之，受天命的商殷人民不仅开疆拓土、率先垂范、订立准则，而且政教赫赫、威灵盛大，并将长寿安宁的美好祈愿一直佑护着我华夏民族子孙万代。如此看来，商人应该是勇敢、威武、富有开拓精神又不乏讲求规矩且宅心仁厚的一个民族。

遗憾的是，即便我们今天对于商人的认识已经如此深刻，可依然缺少一种比较直观生动的印象。于是，民国十七年（1928）在国民政府中央研究院院长蔡元培先生的大力支持下，该院历史语言研究所决定对殷墟遗址进行科学发掘，以探求遥远商人被文化一向神话了的历史面貌。为了确保殷墟遗址发掘顺利进行，蔡元培曾专门致函驻守河南的冯玉祥将军，请求其派遣军队驻守小屯以保护发掘工作及人员的安全。从此，以具有国际学术水准的董作宾、李济、梁思永等专家为首的一大批考古人员齐聚安阳小屯村，对殷墟遗址连续进行了 15 次大规模的科学发掘，不仅对列次发掘保有明确的坑位记录，而且对殷墟遗址的所有文化层与甲骨、青铜器等多种器物进行了系统勘察，从而极大地提高了殷墟遗址发掘的学术等级。

当然，我们这里需要关注的是高水准科学发掘是否能够提供对商人认识的直接或关键性材料，好在民国二十五年（1936）6 月 12 日在第十三次发掘中当人们发现了编号为 YH127 的甲骨窖穴时，终于从商人遗留下的这个皇家档案库中对其民族信息有了突破性认识与理解，再加上后来后母戊鼎的出土及妇好墓的发掘，更使人们对商人的认识越来越完整、越来越具体，同时也越来越美丽、越来越感觉到商人的伟大。不过，我们最直接与商人进行面对面的认识，却不是来自国民政府对殷墟遗址的科学发掘，而是河南安阳当地人从殷墟遗址中盗掘出的这件商代青铜酒器——人面盉（如果是国民政府科学发掘出土是不会流失海外的）。

行文至此，对于盉为何物，以及这件出土于殷墟遗址中的商代人面盉有何特点，它是否能够为我们揭开商人的真实模样等问题，不能不加以解析了。

从出土实物来看，盉作为一种青铜礼器，主要是以酒器的形式而存在，且存在的时限较为长久，它自商代诞生后一直流传至战国时期，而最盛行的当属商代晚期与西周年间。据王国维在《说盉》中考证说："盉之为用，在受尊中之酒与玄酒（水）而和之，而注之于爵。"也就是说，在举行神圣的祭祀典礼时，将尊中之酒倒入盉中后再加水以调味，即盉属于一种调酒器。当然，盉还可以作为水器，只是这时的盉充当了匜的角色，即在祭祀之前用盉浇水洗手，以表示对祖先或上帝神灵的敬畏。

不过，这件大口、宽腹、圈足且腹前有管状流（出水管）的人面盉只能是酒器，因为匜通常是要与盘配套使用，也就是说由一人捧匜一人捧盘，用匜从盛满水的盘中舀水洗（淋）手，很显然这件人面盉不具有水器匜的形态与职能。器身显得低矮的这件商代人面盉，造型实在是奇特、巧妙而怪异，奇特是器盖做成了人面形状，如果将器盖与器身合在一起的话，恰如一个仰面朝天的圆形人头；巧妙的是人面双耳有孔，恰与两旁脖颈处两只兽面状贯耳相对，且器底圈足边上镂出的三孔中除一

王国维

王国维（1877—1927），字静安，晚号观堂。平生学无专师，自辟户牖，成就卓越，贡献突出，在教育、哲学、文学、戏曲、美学、史学、古文学等方面均有深诣和创新，为中华民族文化宝库留下了广博精深的学术遗产。

孔在腹部管状流之下外，另外两孔竟在贯耳与人面两耳之下，这就使整器有了极为对称稳固且便于提携的系绳所在，只是这种麻质"提梁"埋藏地下千年已经腐朽而已；怪异的是长有硕大蒜头鼻子与厚实嘴唇的这张人面，却在头顶上还长有两个类似长颈鹿角的兽角，以至于引发了人们对这种玄妙古奥长相的种种猜想。

猜想之一，是以天津南开大学历史学院教授陈春会先生在《商代青铜器宗教思想探析》一文中从宗教角度考虑问题为代表的观点，认为这一人面形象"可能就是甲骨文中所说的上帝"，并由此进一步推测说这件人面盉除了体现商人的自然崇拜与祖先崇拜之外，还包含有上帝崇拜的因素。也就是说，这件商代人面盉中的人面应该是上帝形象。

猜想之二，看似与陈春会先生从宗教角度分析相近，认为这是商人因为祭祀需要而采取的人面造型，并不是商人中具体某人之形象，而理由实则是单纯从头上长角不符合人类基本特征这一角度进行考虑。

其实，这件商代人面盉作为一件器物，即商人创造的一件艺术品，是否应该符合艺术来源于生活又高于生活这一艺术创作规律呢？毫无疑问，如此考量这件商代人

人面盉侧面

人面盉器身显得较矮，在两旁近额处有两只兽面状贯耳，恰与人面双耳巧妙相对。在腹部和器盖的两角之间，主要饰有商代常见的龙纹，圈足上则铸饰云雷纹。

面盉应该也是一种符合人类思维的方式，而由此我们是否可以大胆地承认这张面孔就是创作者熟识的一位亲友，或者最起码与创作者有过一次比较深刻的照面，否则何以当人们即便与这件商代人面盉的照片相视时会有一种曾经相识的生动感觉呢？这权作是笔者的第三种猜想吧。

与以上猜想不同的，还有关于这件商代人面盉流失的史料缀合。中国著名考古学家、古文字学家陈梦家先生于民国三十三年至三十六年（1944—1947）在美国各大博物馆、大学及古董商处搜集或见识过的多达 845 件中国三代青铜器中，这件商代人面盉不仅位列其中，而且他还在文字中明确指出其最先是被卢芹斋收购至美国，而后几经辗转才得以入美国弗利尔美术馆珍藏至今的。

那么，这位专门倒卖中国文物到国外的大古董商卢芹斋是从哪儿收购到这件商代人面盉的呢？

由于确凿史料的缺失，笔者只好将两则史实缀合在一起来解答这一历史之谜。众所周知，卢芹斋与上海大古董商吴起周合创的卢吴公司，虽然总部设在法国，但在美国纽约开有当地最大的古玩铺，货源则来自其分设在中国北京与上海两地的代理商，也就是说这件商代人面盉必然是通过北京或上海某地代理商收购后运至美国的。而据北平（今北京）琉璃厂尊古斋掌柜、大古董商兼

卢芹斋

卢芹斋（1880—1957），浙江湖州人，先后旅居法国、美国等，20世纪初国际著名的文物贩子、大古董商，将许多中国国宝级的文物贩卖至国外。

金石学家黄伯川于民国三十三年（1944）出版的影印本《邺中片羽·三集》①中最早收录这件商代人面盉来看，应该是卢吴公司北京代理商从黄伯川的尊古斋收购了这件青铜酒器，然后托运到美国卢芹斋手中后最终入藏弗利尔美术馆的。至于黄伯川是到河南殷墟遗址"包坑"，还是从"跑彰德府的"手中收购的这件人面盉，限于手边资料至今也不得而知。

即便如此，也不妨碍我们认定这件商代人面盉的流失与黄伯川、卢芹斋二人有着不容置疑的紧密联系。只是，他们当初将自己的先祖——这位商人贩卖到遥远异国时，可曾想到会背上不肖子孙之骂名呢？

注：

① 黄伯川于民国二十四年（1935）、二十六年（1937）分别出版了《邺中片羽》影印本初集与二集。

商双凤重耳彝

——人心不足 "双凤"飞去

　　即便这则故事至今也没有结尾或者说无法结尾，但是其开始、过程及插曲足以发人深省、令人痛心，因为这件中国商代天子祭天使用的青铜重器——凤耳彝经过北平（今北京）琉璃厂大古玩商岳彬之手流失海外的旧事实在是鲜为人知，以至于直到今天也无人能说清其踪迹何在。

　　民国二十年（1931）9月16日，对于与专门倒卖中国文物到国外的卢吴公司同样臭名昭著的北平琉璃厂彬记古玩铺来说，一开门便迎来了一位尊贵的老顾客——法国原驻清廷第三公使、大收藏家兼大古董商魏武达。

　　关于魏武达与彬记古玩铺掌柜岳彬之间的结识与交易，还应该从民国五年（1916）春节前岳彬在东晓市偶然买得一件清康熙官窑素三彩瓷盘说起，而要想说清楚岳彬购买这件瓷盘的来龙去脉，则不能不把笔触延伸到北平古玩行一代枭雄——岳彬初入古玩行时的那点旧事。

　　清光绪二十二年（1896）秋，岳彬出生在北京通县（今通州区）张各庄一贫苦农家，幼年丧母，只能与土里刨食的父亲相依为命，10岁时他又患上一种当地俗称"肿大脖子"的甲状腺炎，以致成年后还影响了他的生育。不过，12岁进入私塾学堂只读了三本"小书"（即《百家姓》《三字经》《千字文》）与《大学》、《中庸》及半部《论语》后便辍学的岳彬，在宣统二年（1910）春节时迎来了一个决定他一生命运的好机会。

　　原来，这年冬天岳彬因不愿忍受私塾先生的一次冤打，央求父亲让他辍

岳彬

岳彬（1896—1954），民国时期大古董商，将包括《帝后礼佛图》等在内的许多国宝级文物倒卖到国外。

学进京当学徒，并如愿以偿被清光绪朝专门负责宫内古玩陈设的内务府官员庆宽（又名庆小山）的管家、张各庄人常惠川带进京城，开始跟随与常惠川熟识的小古玩商朱二学习做古玩生意。三年后的一天，岳彬与师父朱二在东晓市上因对一件标有"大清康熙年制"蓝字款棒槌瓶辨识及出价不同而被炒了鱿鱼，随后开始独自做起了"夹包"古玩生意①。

又经过近三年"夹包"与跑晓市之锤炼，岳彬逐渐练就了一双能够准确辨识官窑瓷器等古玩的慧眼，从而再次幸运地从当年售其那件棒槌瓶的老汉手中以100块大洋买下了一件"大清康熙年制"官窑素三彩瓷盘②。不过，当时年仅20岁的岳彬买下这件清康熙官窑素三彩瓷盘后，因对这种瓷器不太了解而一直心怀忐忑，后经瑞记古玩铺老掌柜白瑞斋的确认及指点，他于民国五年（1916）春节后来到位于北京饭店北边大甜水井9号拜见魏武达，以自己聪明机灵的谦恭态度不仅成功地做成了这单生意，而且还因此结识并赢得了这位法国大古董商的喜爱与信任。从此，岳彬恰如当年北平老古玩行人所说"够上了罡风"，即遇到好买主使生意像芝麻开花节节高。

确实，自民国五年（1916）与大古董商魏武达结识后，岳彬凭借着自己的聪明与机灵，不久便成为其在法国巴黎开设古玩铺的文物收购委托人，直到民国十年（1921）岳彬独自出资开设彬记古

玩铺以后一直与其保持着密切的生意往来。正因
如此，当民国二十年（1931）九一八事变前两天
魏武达再次来到彬记时，岳彬不仅将西周匜与凤
纹卣两件青铜器卖给了他，而且还将这件商代天
子祭天礼器——凤耳彝向其做了展示，致使这件
青铜重器最终被魏武达"夹包"而去再也未能归来。

　　那么，岳彬是从哪儿得到这件青铜凤耳彝的？
它又是如何被魏武达"夹包"而去的呢？

　　因为坐像魏武达这样的"外国庄"而逐渐成为
北平琉璃厂古玩行风云人物的岳彬，由于经济实
力雄厚而开始雇用"吃外股"③伙计以拓展彬记经
营市场，其中有一个专门跑彰德府（今河南安阳）
的伙计叫郎香甫。原来，自清光绪二十五年（1899）
河南安阳小屯村及其周边发现商代甲骨卜辞后，
经过王懿荣、刘鹗、罗振玉与王国维等近代一批
著名学者辛勤探索之后，终于使人们明白司马迁
在《史记》中所说的"洹水南殷墟上"及唐人在《史
记正义》中所说的"相州安阳本盘庚所都，即北
冢殷墟"，就是公元前14世纪中叶商代第二十代
天子盘庚从山东迁都殷地
之后在此建都长达273年
之久的殷商都城之遗址，
从而揭开了中华民族历史
上一直处于神话传说中"五
帝三王"那遥远而神秘的
面纱。与此同时，一批批
商代青铜器等文物古玩也
开始被大量发现，并迅速

青铜匜

　　周代制作，尺寸不详，美国
纽约大都会博物馆藏。

殷墟考古现场合影

此照片拍摄于1931年，后排左三为董作宾。

吸引了各地古董商蜂拥而至，以致出现了所谓的"包坑"④者。

与"包坑"者所不同的，还有来自北平的一批"跑彰德府"的，其潜台词或者说古玩行话就是专门到安阳收购青铜器的人。

当然，无论是各地"包坑"者还是北平"跑彰德府的"，他们都是从当地盗掘殷墟青铜器等文物古玩者手中进行收购，而当年盗掘殷墟文物古玩的情况，可以说是达到了一种极度疯狂的状态，即便民国十七年（1928）国民政府刚刚成立的中央研究院历史语言研究所指派古文字学家董作宾前往殷墟调查后，决定以国家学术机构的力量对殷墟进行科学发掘，也没能阻挡这股被巨大经济利益所推动的盗掘之风，只是原本"光明正大"的盗掘方式变得隐蔽一些而已。

因此，当郎香甫于民国十八年（1929）冬天再次"跑彰德府"时，虽没能像以往那样轻而易举地收购到诸多新出土的青铜器，但是却在当地古董商周化南的拉纤下收购了这件商代天子祭天之青铜重器凤耳彝。关于这一点，陈重远先生有这样一段文字：

　　郎香甫到彰德府没买到像样的货，正在犹豫是不是回京时，当地古董商周化南跟他说："你给岳彬买货，得要奇特的古董，一般的爵杯、花觚入不了他的眼。我介绍你看件东西，自这个地方出土青铜器至今，还是第一次发现这种奇特造型的彝炉。"周化南引郎香甫到附近村落的一所破旧院房里，见到了挖掘出凤耳彝的人。郎香甫看那彝炉约有20厘米高，口径约30厘米，造型奇特，奇特之处在于双耳高出炉口似一对立凤，锈色翠润，花纹清晰，炉内底部有铭文数字。

郎香甫与这位挖掘者议价，开始要价5000银元，郎香甫给他2500元，最后以3000元成交。按"成三破二"的规矩，周化南得了拉纤的佣钱150元。

回到北平后，郎香甫向东家岳彬谎称自己花4000块大洋收购了一件商代凤耳彝，且已经有了买主。对于郎香甫的这套把戏，一贯狡诈的岳彬自然是心知肚明，不过他没有当面戳穿郎香甫的这一谎言，而是按照惯例验明这件商代凤耳彝确实是稀世青铜重器，并支付给郎香甫2000元合股经费后，便让他这个"吃外股"的伙计先去出售，反正出售时必须征得他这个东家的同意，且出售后所得利润也是要双方平分的。

其实，当精明狡诈的岳彬鉴别出这件商代凤耳彝是稀世青铜珍宝之后，便认定以郎香甫这个"吃外股"伙计的销路是不可能卖出好价钱的，而资金捉襟见肘的郎香甫又垫进了1000元大洋，如果岳彬故意以出售价钱不高而拖长时间不同意出售的话，承受不住资金压力的郎香甫最终会将这件青铜重器转售给他，这就是岳彬在生意场上应对"吃外股"伙计所惯常使用的"欲擒故纵"法。

果然，一年多后当郎香甫再次向岳彬谎称有人愿意出价6000元大洋收购时，岳彬爽快地表示他愿意再支付其1000元大洋由自己买下这件商代凤耳彝，也就是说今后岳彬以多少价格将其出售都与郎香甫无关。如此算来，加上支付周化南拉纤佣钱在内事实上花费3150块大洋收购这件凤耳彝的郎香甫不仅没有赚到钱，反而倒贴150元为岳彬跑了一趟彰德府，这自然不是郎香甫吃彬记"外股"的目的。于是，郎香甫又艰难地硬挺到民国二十年（1931）9月，第三次向东家岳彬谎称有人愿出8000块大洋收购这件凤耳彝，没想到这次岳彬爽快地同意他以这个价格出售，这让郎香甫顿时就

盠方彝

西周时期制作，高22.8厘米，口长14.3厘米，口宽10.9厘米，陕西郿县（今宝鸡市眉县）李村出土，中国国家博物馆藏。

傻了眼，因为根本没有人愿意出此高价购买，随即他灵机一动不得不自找台阶，主动要求以4000元价格将这件商代青铜重器转手给了岳彬。

靠"吃外股"赚钱的伙计郎香甫没有门路高价出售这件商代凤耳彝，而专坐"外国庄"的大古董商岳彬则路数宽广，他认定非30万块大洋不能出售这件青铜重器。然而，正是岳彬这个利欲熏心的心理定价，最终却致使这件商代凤耳彝无偿流失海外后竟变得无影无踪。

原来，民国二十年（1931）9月16日法国大古董商魏武达从彬记购买了西周匜与凤纹卣两件青铜器后，又惊喜地欣赏到了这件商代凤耳彝，而且一见钟情地愿意出价8万银元购买它，可人心不足的岳彬却对这位老主顾声称非30万元不卖！对此，陈重远先生在《老古董商》一书中也有一段颇具学识的文字：

魏武达买下西周匜和凤纹卣，看到八仙桌上摆件锦匣没打开，不知里头装着什么古董，便问："岳先生，你卖给我两件西周青铜器，这锦匣里装着什么，为什么不打开给我看呢？"

岳彬抱歉地说："对不起，我只注意听您评说凤纹卣和讲解蟠龙纹，忘了打开锦匣请您鉴赏商代的凤耳彝。"

魏武达听到商代青铜器中的凤耳彝，甚觉新奇，忙说："快打开匣子我看看。"

这凤耳彝炉口微敞腹微凸，两耳圈足，约一尺多高，造型奇特，奇特之处在于双耳高出彝炉口，似一对立凤，锈色翠润，花纹清晰，炉底内部有铭文数字。

魏武达看后说："这凤耳彝和那件西周匜不同，都叫'*yi*'，可一件是礼器一件是盥器。"

岳彬说："魏老爷，您在前清时交了很多翰林院的编修做朋友，对金石学有研究，请您鉴赏这件凤耳彝，是要听您对这件青铜器的评议，让我们长长见识。"

魏武达笑了笑说："研究金石学的编修们见到青铜器圈足者统谓之彝。古书中记载，彝，宗庙常器也，器中宝也，有六彝：鸡彝、鸟彝、黄彝、虎彝、虫彝、斝彝。以其纹饰造型不同而得名。这凤耳彝未见记载，应是商代天子祭天的礼器。中国古代传说凤是神鸟，'黄河清圣人出，凤鸟至天下宁'。还将圣人比作凤，《论语·微子》篇中有'凤兮凤兮，何德之衰'，这凤就是指孔夫子的。这是老翰林张世培给我讲的。这件双耳彝上的双凤造型奇特而端庄，锈色铺翠而莹润，花纹清晰而细腻，是新出土新发现的凤耳彝，非常珍贵。"

岳彬听了魏武达对这件凤耳彝的评议，心里有了底，甚觉这件文物扣动了法国大收藏家的心，是件商代青铜器中出奇的祭祀礼器，天子祭天用过的，实属难得的国之重器。

魏武达评议凤耳彝之后，马上愿出8万元高价收购，岳彬不肯出手，魏武达又不愿放弃。

最后，二人达成协议，作价30万拿到巴黎去，放在魏武达开设的古玩店里代销，按北京古玩行中相互接货的规矩，没签什么字据。

就这样，这件国之瑰宝商代凤耳彝被法国大古董商魏武达带到了巴黎，直到民国二十六年（1937）七七卢沟桥事变前夕，当魏武达从巴黎拍电报声称有人愿意出价20万元来征求岳彬意见时，岳彬依然坚称非30万元不卖。于是，时间转眼到了1939年爆发第二次世界大战，法国首都巴黎旋即被德军占领，魏武达从此音信全无，那件中国商代的青铜重器凤耳彝也就此踪迹不见。

对于这件因为自己过于贪心而损失商代凤耳彝并有损颜面之事，岳彬一直守口如瓶不愿意向外透露，因此不仅当时北平琉璃厂古玩行鲜为人知，就连后来岳彬的大徒弟丁兆凯因为怨恨师父而将此透露出去后，许多人也持将信将疑的态度。即便到了1950年，岳彬因被花市上三条李某人状告其拖欠他给魏武达邮寄货物手续费一事，而被外二区区政府传讯后才愤愤不平地亲口说出"我不欠姓李的分文，魏武达搂去我的凤耳彝分文未给，我找谁去?！"这么一句抱怨话时，他的二徒弟、后任国家文物鉴定委员会常委的程长新先生依然不愿予以证实。

究其原因，老北京古玩行人范岐周先生解释说，是因为程长新先生到彬记古玩铺当学徒时那件凤耳彝早已被魏武达"搂"到了巴黎。随后，范岐周先生还向陈重远先生讲述了他于1960年到山西介休出差时，不仅在当年为郎香甫收购凤耳彝充当拉纤人的周化南之侄周子刚家中墙上看到这件商代青铜重器的照片，而且还亲耳听到周子刚告诉他说"这张照片（指商代凤耳彝）是他叔父周化南照的，东西经郎香甫手卖给岳彬了"。

如此看来，这件商代天子祭天的青铜礼器如果没有在第二次世界大战中被德军炮火炸毁的话，那么它一定还躲藏在世界的某个角落。

注：

①"夹包"古玩生意，即当年北平琉璃厂古玩行中，一些没有本钱开设古玩铺却有一定眼力者，只要看中哪家古玩铺中的某件货后双方谈好价钱，便可不立字据不写收条全凭信用拿走出售，从中赚取差价的一种行规。

②素三彩瓷盘，即在明正德官窑素三彩基础上发展而成的以黄、绿、紫

三种颜色为主色调且不用红色的低温釉下彩瓷器。

③"吃外股"，即别人收购古玩后与其合伙经营。

④"包坑"，即古董商在文物古玩被发掘之前便与发掘者协商好价钱而全部收购。

西周毛公鼎

——庙堂之器 终藏圣殿

查阅上海档案馆馆藏全宗 Q1 目录 13 的第 5 号卷档案，内容如下：

上海市教育局关于接受毛公鼎情形报告

案奉

钧府三十五年四月廿九日秘四字第六二六〇号训令，转奉行政院三十五年四月十九日节字第一二四三二号令，关于第二项毛公鼎一器饬由本局接收保管等因，奉此当经组织毛公鼎保管委员会，并派叶恭绰、徐士浩、俞庆棠、王汝昌、杨宽等为委员，以该器存在处所未经查明，由杨宽委员偕王委员汝昌前往接洽，据该局负责人面称已送南京该局保管等语，均经呈报有案。此后复派杨宽赴京接洽接收事宜，据称该器确在南京军统局，现该局已向主席请示等语。正拟呈报间，复准军统局六月十六日函称该器也已送呈主席。关于接管事宜应如何进行之处理，合将经过情形具文呈报，仰祈鉴核示遵。

　　谨呈

　　上海市政府

上海市教育局局长　顾毓琇

副局长　李熙谋

透过民国三十五年（1946）6月国民政府上海市教育局受命接收毛公鼎经过之报告，不难看出毛公鼎最后是由国民党军统局呈送给了国民政府主席蒋介石的，也就是说国民党军统局曾经染指这件西周青铜宝鼎。而关于国民党军统局是如何获得毛公鼎之疑问，至今也难有翔实史料可以确证，即便时任国民政府教育部部长徐伯璞老人2003年去世以前，曾有过一段比较接近事实的回忆，依然让人们有一种语焉不详、雾里看花的感觉。当然，围绕着西周青铜重器毛公鼎的疑问实在是错综复杂、迷雾重重且延续至今，远不止国民党军统局如何染指一事。为了行文方便，不得不从其出土面世时开始说起。

据说，清道光二十三年（1843）陕西岐山县（今宝鸡市岐山县）庄白村（另有董家村一说）出土了一件三足青铜鼎，鼎内壁镌刻有数百字铭文，可惜发掘者董家村村民陈春生①不识此宝，把它当作破旧铜器卖给了一个走街串巷收购破烂的货郎，这个货郎随后又将它转卖给了西安北大街一家收购破铜烂铁的废品站，而就在这家废品站把包括这件青铜鼎在内的一堆破铜烂铁即将销毁重铸时，恰巧被路过此地的一个俗名叫苏七的古董商人所发现，随后他便以约合白银20两的价钱买下来，从而拯救了这件行将消亡的西周青铜重器瑰宝。

苏七，大名苏亿年，是北平（今北京）琉璃

顾毓琇

顾毓琇（1902—2002），字一樵，著名教育家、科学家、诗人、戏剧家、音乐家和佛学家，江苏无锡人。学贯中西，博古通今，是江泽民和朱镕基的老师，清华大学工学院的创始人之一。

天亡簋

西周早期制作，高24.2厘米，口径21厘米，清道光年间出土于陕西郿县（今宝鸡市眉县），现收藏于中国国家博物馆。

厂永和斋古玩铺的二掌柜，哥哥苏六苏兆年是坐镇店铺专管销售的大掌柜，弟弟苏亿年则常年在家乡陕西这一文物古玩出土大省搜寻货源，机缘凑巧得到这件内壁镌刻有数百字铭文的三足青铜鼎。谙熟古玩行情的苏氏兄弟深知此鼎绝非一般青铜器，转卖出去必定赚他一个盆满钵满。

不过，如此青铜重器何人能购藏得起呢？苏氏兄弟想起了他们的老主顾——京城名门显宦之后、青年才俊、收藏鉴赏家陈介祺。这不仅是因为陈介祺家资殷厚有足够的财力购藏这件宝鼎，而且先前他曾从他们手中重金购藏过几件青铜器，比如在此宝鼎之前也是出土于陕西岐山的天亡簋（今珍藏在中国国家博物馆）。几次交易之后，双方还约定如果苏氏兄弟新得了青铜器，必送经陈介祺优先过目购藏，若陈介祺不购藏时方能售与他人。另外，刚刚而立之年的陈介祺还精通青铜器之鉴赏，这件青铜宝鼎由他购藏鉴赏也算是物归其主了。

确实，出生于清嘉庆十八年（1813）的陈介祺，字寿卿，号簠斋，祖籍山东潍县（今潍坊市潍城区），其父陈官俊字伟堂，是嘉庆十三年（1808）进士，曾任清礼部、吏部、工部和兵部尚书等显职。在这样的仕宦家庭里，陈介祺自幼就受到良好的学术教养，19 岁时便以诗文驰名京师。道光二十五年（1845），又以进士之身被朝廷任命为翰林院编修。对金石收藏考释极为钟情的陈介祺，还于道光三十年（1850）不惜耗费巨资在家乡建造了著名的"万印楼"，专门用以存放他多年来收藏的近万枚秦汉古印玺和万余件其他古物珍玩。因此，苏氏兄弟获此宝鼎后，便由仍居西安的弟弟苏亿年"致书于潍县陈寿卿，详述其形状、文字、花纹、色泽及其来历。陈予苏七回信，让苏快快送来京师"洽谈，并预付了一百两纹银定金。不日，苏亿年便携带三足青铜宝鼎进京，邀约陈介祺前来永和斋鉴赏，并协商具体购藏事宜。

　　陈介祺如约来到琉璃厂永和斋，得见宝鼎不由得手舞足蹈，赞叹万分。只见这件三足青铜宝鼎，呈半球状，深腹，两只形制高大的立耳直竖口沿，三只粗壮的兽形蹄足附着在圆底上，除了口沿以下的腹上部饰有一周重环纹带之外，其他部位则没有任何纹饰，这就使这件宝鼎在造型上显得规正洗练、浑厚凝重、朴素典雅、简洁清新，与殷商青铜器相比显然风格有别，特别是在纹

陈介祺朝服像

　　陈介祺（1813—1884），字寿卿，号簠斋，中国清代金石学家。道光二十五年（1845）进士，官至翰林院编修。嗜好收藏文物，著有《传古别录》《簠斋藏古目》等。

饰方面似乎从殷商时代的那种繁缛富丽走向了简洁朴素，也从西周早期以前那种浓重而神秘的宗教色彩趋向于简单图案化和象征性，从而更加具有生活气息和装饰意味。

最让陈介祺欣喜珍重的是，这件青铜宝鼎腹内竟然镌刻有数百字铭文，这是当时金石学家们考释某件青铜器所属的历史年代及其反映社会生活等方面最可宝贵的重要文献资料，当然也是古董商人敢于开口漫天要价而购藏者又最不可开口还价的资本，因为那时一字铭文已经售至数金乃至数十金之多，何况这数百字铭文仅就书法艺术而言，结体庄重，笔法端严，线条丰腴，笔画圆厚，质感饱满，古韵芬芳，堪称金文书法之典范。于是，苏氏兄弟遵照陈介祺的安排，先是对这件青铜宝鼎内的铭文加以椎拓，以供其带回府内详加考释，随即又对宝鼎进行了测量，得知其通高 53.8 厘米，口径 47.9 厘米，腹围 145 厘米，重达 34.705 公斤。

对这件青铜宝鼎进行初步鉴赏测量之后，陈介祺便毫不犹豫地决定予以重金购藏，只是苏氏兄弟要价太高，不得不容他多方筹措，不料想这一等竟是 8 年之久，直到咸丰二年（1852）才如愿以偿购藏了这件心仪至宝。对于陈介祺迟至 8 年之后才购藏这件青铜宝鼎之原由，他的六世嫡长孙陈继揆先生在 1991 年第 6 期《文物天地》上撰文：

> 簠斋议买毛公鼎，老父当家，伟堂老人对独子的爱好是赞许，但作为当朝耆老，又是多所忌讳。道光二十九年（1849）七月，伟堂病殁；次年，又有祖母尤太夫人之丧。簠斋连遭两辈老人之丧事，扶灵回乡，修墓安葬，哀泣之中，安有他顾。咸丰元年（1851）回京，后始能当家做主，旧话重提，与西安苏兆年再议毛公鼎事。咸丰二年（1852），由苏亿年辇鼎入京，始入簠斋之室。

诚如陈继揆先生所言，不过对其所述"咸丰二年（1852），由苏亿年辇鼎入京，始入簠斋之室"一句不能不做交代，因为上面曾说陈介祺第一次鉴赏这件后来被命名为毛公鼎的宝鼎，是该宝鼎出土后不久便由苏亿年送至京师，今为何又有苏亿年于咸丰二年（1852）"辇鼎入京"呢？原来，自陈介祺首次鉴赏这件青铜宝鼎后，苏氏兄弟又将其运回西安珍藏，奇货可居，待价而沽，可最终还是被老主顾陈介祺所得。至于陈介祺最后是以多少银两购藏了这件青铜宝鼎，众人说法不一或含混不清，而陈本人则慨言"宝物无价，不能以金钱比价"之说，堪称允当。

作为这件青铜宝鼎的第一位收藏鉴赏家，陈介祺兴奋莫名地在《毛公鼎释文》后记中这样写道：

毛公鼎

西周晚期毛公所铸青铜器，高53.8厘米，口径47.9厘米，清道光末年出土于陕西岐山（今宝鸡市岐山县），现收藏于中国台北"故宫博物院"。

右周公厝鼎铭，两段，32行，488字，重文11字，共496字（实为499字），每字界以阳文方格，中空二格。……此鼎较小，而文字之多几五百，盖自宋以来未之有也。典诰之重，篆籀之美，真有观止之叹，数千年之奇于今日遇之，良有厚幸矣。

关于毛公鼎铭文的"篆籀之美"，前面有所简评，在此不赘。至于铭文"典诰之重"，不妨摘录由南京博物院原院长梁白泉先生主编的《国宝大观》中的一段白话文字为证：

首先追述了周初文、武二王开国时，君臣相得的清平盛世，接着以怆怀时艰的语言，指出国家的形势并不宁靖，进而宣布册命毛公以治理邦国内外及周天子家室内外的重任，并授予毛公以宣示王命的专权，特别申明凡未经毛公同意的王命，毛公可以预告臣工不予执行；继而告诫、勉励毛公不要怠惰，不要壅塞民意，不要鱼肉鳏寡，要衷心辅佐王室；最后为确立毛公的权威，重赏毛公以仪仗、车马、兵器等器物。毛公对此感恩戴德，铸鼎以纪，还要子子孙孙永远宝之。

毛公鼎铭文拓片

毛公鼎鼎内铭文长达499字，记载了毛公衷心向周宣王为国献策之事，被誉为"抵得一篇尚书"，是研究西周晚期社会政治情况的重要史料。

如此一篇皇皇巨著，清末著名书法家李瑞清并没有单纯地从书法角度加以评价，他说："毛公鼎为周庙堂文字，其文则《尚书》也，学书不学毛公鼎，犹儒生不读《尚书》也。"而现代考古学大师、古文字学家郭沫若先生则从考证角度予以高度评价："铭全体气势颇宏大，泱泱然存宗周主之风烈，此于宣王之时为宜。"就此，关于毛公鼎的断代问题得以解决，并获得世人所公认。

重金购藏毛公鼎这件鸿宝重器之后，陈介祺欣喜之情虽然溢于字里行间，但是他的内心则深有"怀璧"之惧，轻易不敢展示于人前。例如，陈介祺将毛公鼎铭文拓印后，只赠送给极少数同好以做考释和研究之用，其他人则"至不易得，尤为可宝"。然而，正因陈介祺将毛公鼎秘密送往山东老家珍藏，且连铭文拓片都鲜为人知，致使一些人不仅怀疑毛公鼎是否真实存在，甚至污蔑说即便真有毛公鼎也是陈介祺的伪作之器。

关于这一点，陈介祺的老友吴云（字平斋）曾写信向其提出了疑问："究竟世间有此鼎否，窃愿悉其踪迹，祈示知。"另一位老友吴大澂也委婉地表示了自己的疑问："闻此鼎在贵斋，如是事实，请贻我一拓本。"对于两位老友的疑问，陈介祺要么避而不谈，要么就是缄默不言，就连自己每购藏一器必椎拓奉赠的知己吴氏此次也未能如愿讨要到毛公鼎的铭文拓本。

如果说陈介祺这两位吴姓好友之疑问还限于小范围之间，并没有掀起大的波澜的话，那么晚清名臣张之洞的非难言论则影响深远，乃至20世纪七八十年代竟还有外国学者以之为据对毛公鼎的存在真伪进行攻讦。其实，张之洞诬蔑陈介祺伪作毛公鼎之言论，并不是建立在对实物考证的基础上，而是完全凭借自己对毛公鼎铭文拓片内容所提出的质疑："昨见陈氏收毛公鼎拓本，乃伪物也。何以言之，文字讹舛一，词意凡杂二，通篇空泛三。……洋洋五百言，无一事一地一人，皆套语耳，古无此文体。此梅、阎诸君斥为古文尚书者也，是空泛也。陈氏以千金买赝品，不亦慎乎！"

面对张之洞如此荒诞而影响重大之质疑，陈介祺不能不挺身回应，他的回应体现在写给朋友鲍康的一封信中，该信件已收录在商务印书馆出版的《簠斋尺牍》之中：

> 《攀古楼金石款识》自以张（之洞）说为长，以其博雅而聪颖，与理为近也。祺（陈介祺）愧不博又不能穷理。而窃谓古学之长，必折中于理，博而不明，不能断也。词赋之胜，亦必以理，汉学之杂，必择以理。读古人之字，不可不求古之文，读古之文，不可不求古之理，不可专论其字，窃向往之而愧未能也。……闻成见有偏处者，只是考古人之字而未深求古人作篆之法，多见而深求之，真与伪自可信于心矣。文人才子香涛（张之洞）足以当之。古文字一篇中之气，一字中之气，一画中之气，岂今人所能伪哉？

诚如斯言，然无知者向来无畏，这是每个时代都存在的现象，比如 20 世纪七八十年代澳大利亚

万印楼

陈介祺故居位于山东省潍坊市增福堂街，已大部拆除改建，现仅存临街之万印楼和客厅、祠堂。"万印楼"以富藏古代印篆得名，因另藏有商周古钟 11 件又称"十钟山房"，是陈氏庋藏金石文物和研读著述的用房。

研究中国商周青铜器的博士巴纳先生，就凭一己之见并征引张之洞的言论，对毛公鼎进行了攻讦。对此，中国台北"故宫博物院"青铜器专家张光远先生以其朝夕与毛公鼎相伴之深入研究，在撰写的《西周重器毛公鼎》一书中对其加以详细批驳，有兴趣者不妨找来一读，在此不赘。

如果说澳大利亚学者巴纳先生对毛公鼎的攻讦有隔靴搔痒之感的话，那么中国当代知名学者卫聚贤先生在《中国考古学史》著作中的言论就不能不引起世人的特别注目了，因为作者不仅有陈介祺伪作毛公鼎之言论，而且还列举了其豢养青铜器作伪者的"确凿"名单。对于卫聚贤先生这一"言之凿凿"的攻击，陈继揆先生对照其所列作伪名单在《毛公鼎旧事》中一一加以梳理，不仅详述这些人与陈家之关系交往，而且对这些所谓作伪者的学识行为进行了阐述，从而使卫聚贤先生的言论不攻自破，也使读者能够一目了然地看清事实真相。就此，关于陈介祺伪作毛公鼎之说不必再论，下面还是来看一看这件西周青铜重器接下来的多舛命运吧。

陈介祺重金购藏毛公鼎之后，并没有将其留存在京城寓所，而是千里迢迢地把这青铜重宝运送回山东老家密藏，并叮嘱家人说要严守秘密不得外传。后来，陈介祺索性辞官归隐乡里，整日陪伴守护着毛公鼎等诸多金石文物，过起了深居简出、潜心研究、专心著述的晚年生活。转眼间到了光绪十年（1884），年逾古稀的陈介祺进入了生命的弥留之际，这时他为子孙留下三条遗嘱：一不做官，二不经商，三不念经信佛。希望后人能够安然平淡地做学问，并特别要求后人一定要保护好毛公鼎不使其从陈家散失。

不料，陈介祺病逝后，他生前的收藏品由三个儿子平分，次子陈厚滋分得了毛公鼎等古物。遵照父亲遗嘱，陈厚滋一生谨言慎行，对家藏毛公鼎一事始终守口如瓶，而等到他去世后其次子陈陔（字孝笙）不仅违背祖训开设钱庄和药铺，而且因为交友不慎泄露家藏毛公鼎的秘密，并最终禁不住威逼利诱痛失了祖传重宝。

原来，陈孝笙执掌家业后，由于钱庄和药铺经营不善，没能实现自己以此振兴家业的梦想。而就在这期间，生性爱财的陈孝笙结识了同邑同姓的陈芙珩，殊不知这个蓄意接近他的陈芙珩，竟然是时任直隶总督端方的"密探"。

最初因附庸风雅而成为大收藏家的端方，早年间曾因国子监祭酒王懿荣当面讥讽而开始苦心钻研金石学，后来迅速成长为当时著名的金石学家，并对金石收藏产生了真正的浓厚兴趣。据说，凡是他看中的古物珍宝必不择手段据为己有为快。对陈介祺购藏的西周青铜重器毛公鼎，端方可以说是早就心怀觊觎，只是当时碍于陈介祺身居高位，而自己还处于仕途末流不敢妄想而已，而今陈介祺已经病逝，毛公鼎也转由其孙陈孝笙收藏，遂隐藏多年的觊觎之心再起。

对于端方的这一心思，时任左都御史的山东潍坊人陈子久不仅看出端倪，而且积极为之谋划，唆使其子陈芙珩接近陈孝笙，伺机撺掇陈孝笙将毛公鼎转卖给端方。开始时，陈孝笙面对端方出资万两白银购买毛公鼎一事并未心动，或者说他在家人的劝诫下还不敢轻易出卖祖传重宝。后来，当陈芙珩转告他说端方不仅愿意出价万两白银，而且还表示可以让他出任一年的湖北省银元局之职，这就使生性爱财的陈孝笙不免动了心。于是，陈孝笙在得到端方一纸委任文书的凭证后，于宣统二年（1910）不顾家人的强烈反对，以万两白银的价格将毛公鼎转卖给了端方。

卖掉毛公鼎之后，陈孝笙开始满心期待地等着到湖北省银元局就

端方

端方（1861—1911），字午桥，号陶斋，满洲正白旗人，金石学家。光绪八年（1882）中举人，历督湖广、两江、闽浙，宣统元年调直隶总督，后被弹劾罢官。宣统元年起为川汉、粤汉铁路督办，入川镇压保路运动，为起义新军所杀。

任,可是在久等正式任命不得的情况下,他便径直前往湖北省银元局进行查问,这时他才发现端方所拟那纸文书凭证上的印鉴竟然是一枚闲章而已,也就是说这时陈孝笙才明白端方所许诺的湖北省银元局之职不过是一个诱饵。

第二年,端方被清朝廷任命为川汉、粤汉铁路督办大臣,率军前往四川镇压保路运动,行至资州(今资中)地区时竟被起义士兵所杀。遭受端方欺骗的陈孝笙,本来就悔恨交加,而今依赖端方出任朝廷一官半职的侥幸也彻底变成了泡影,就此更是追悔莫及,一病不起。对此,陈介祺的女婿、著名金石学家吴式芬的次子吴重熹获知消息后,曾这样赋诗感叹道:

> 病史当年卧海滨,十钟万印尚纷陈。
> 楚人轻问周家鼎,尤物从来不福人。

确实,端方被起义士兵斩杀后,其后人沾染上清朝宗室贵族子弟那种纨绔习气,除了吃喝嫖赌之外无一能事,豪门生活开始变得日渐窘迫起来,后来竟然不得不依靠变卖或典当家中藏品为继。据说,端方死后其女出嫁河南项城袁世凯家时曾以毛公鼎作为陪嫁,而善于韬光养晦的袁世凯家并未敢接受这样的鸿宝重器,随即毛公鼎被端方后人以三万两白银作价典押给了天津的俄国道胜银行。而典押到期后,端氏后裔无力赎还,毛公鼎遂成为俄国道胜银行的物品,后来俄国道胜银行歇业时又将毛公鼎转押给了北京的大陆银行。

面对毛公鼎如此尴尬的命运波折,英、美及日本人则认为这正是他们攫取这件稀世珍宝的大好时机,特别是一位英国记者辛普森表示,愿意出资5万美金购买,并委托端方生前结拜兄弟美国人福开森从中说合。此议一出,舆论哗然,中国文化界人士纷纷声言不能让毛公鼎这样的国之瑰宝流失国外,否则将愧对祖先和后人,特别是时任北洋政府交通总长的叶恭绰更是忧心如焚,他在极力促使中国一些实业家购买毛公鼎不成的情况下,不得不变卖家产独自买下了这件青铜重宝。

那么,叶恭绰到底是何许人也?他变卖家产购藏毛公鼎后又发生了怎样意想不到的变故呢？

叶恭绰

叶恭绰（1881—1968），书画家、收藏家、政治活动家。早年毕业于京师大学堂仕学馆，后留学日本。曾任北洋政府交通总长、孙中山广州国民政府财政部长、南京国民政府铁道部长。1927年出任北京大学国学馆馆长。

叶恭绰（1881—1968），字裕甫，又字誉虎、玉父，号遐翁、遐庵，晚年别署矩园，广东番禺人。出身于书香门第的叶恭绰，其祖父叶衍兰以金石、书画名世，其父亲叶佩含精通诗、书、文诸艺，所以他自幼因受家庭熏陶而喜爱书画。作为中国著名的词学家、书画家、鉴赏家和收藏家，叶恭绰具有中国传统文人士大夫的典型特征，比如其因藏有400件明代宣德炉而取室名为"宣室"。

不过，早年留学日本的叶恭绰，很早就加入了孙中山先生领导的同盟会，虽然他曾出任清廷邮传部尚书之职，但是在辛亥革命之后的民国十二年（1923）他又应孙中山先生之召，前往广州出任大元帅府的财政部长一职，后来再任交通总长兼交通银行总经理等职。除了这些仕宦之职外，叶恭绰早年曾参加了蜜蜂画社，民国二十年（1931）则在蜜蜂画社基础上成立了闻名遐迩的"中国画会"，当时中国各地画家纷纷加入该会，使该会实际上成为一个全国性的中国画社会团体。

抗战时期，叶恭绰仗义避居香港，以卖字为生，这期间与张大千、吴湖帆及黄宾虹等书画家们关系密切。中华人民共和国建立后，叶恭绰历任北京中国画院第一任院长、中央文史馆副馆长等职务。

擅长考古、鉴赏、诗文、书法和绘画的叶恭

绰，在绘画方面善画竹、石、梅、兰、松，而最爱画竹，他笔下的竹，柔韧挺劲，多姿多彩；书法则擅长正、行、草书，取法赵子昂《瞻巴碑》、颜真卿、诸遂良及魏碑之长，自辟蹊径，书风刚柔并济，绰约多姿，跌宕有韵，别具一格。因此，启功启元白先生评赞叶恭绰"文章浩瀚，韵语丰穰，书法则天骨开张，盈寸之字，有寻丈之势"。叶恭绰为人平和，却有侠义之气，虽然编著有《全清词钞》《五代十国文》《广箧中词》《广东丛书》《遐庵词赘稿》《序跋一辑》《遐庵汇稿》《遐庵书画集》《遐庵谈艺录》和《清代学者像传》等著述，但是在他 80 高龄时则先后将所藏书画、典籍、文物重器尽数捐献给了北京、上海、广州、苏州和成都等有关博物馆藏机构，这实在是一件泽垂永远的功德善事。至于叶恭绰于民国九年、十年（1920、1921）间购藏的国宝重器毛公鼎，随后引发的生死机缘着实让人感佩万千。

叶恭绰变卖家产购藏毛公鼎之后，一直将这件青铜重宝密藏在天津的寓所内。直到抗日战争全面爆发，才被迫紧急运往其在上海的家中珍藏。不料，战争的形势实在出乎人们意料，就在叶恭绰携带毛公鼎迁移到上海仅仅 4 个月的时间里，疯狂的日军便占领了全上海。于是，来不及转移毛公鼎的叶恭绰，只得将其密藏后便匆忙逃往香港避难。

叶公超

叶公超（1904—1981），著名外交家、书法家。

逃亡香港的叶恭绰，心里始终有一种忐忑不安的感觉，他总是担心毛公鼎的安危存亡，因为日本人一向对此怀有觊觎之心，也一直在到处探寻毛公鼎的行踪下落，而今这件鸿宝重器陷入虎狼之窝，怎能不让他夙夜难寐呢？果然，就在叶恭绰为毛公鼎安危寝食难安的时候，从上海传来了一个让他既难堪又紧急的消息，催迫他不得不设法抢救已经处于极度危险状态下的毛公鼎。

原来，叶恭绰有一位贪图其上海财产的姨太太潘氏，当初紧急前往香港避难时她却执意留在上海，随后便伙同她的情夫准备霸占其财产，并威胁说如果叶恭绰不同意的话，他们就将家藏毛公鼎的秘密告诉日本人。为了确保毛公鼎不被日本人掠夺，心急如焚的叶恭绰一边假意答应潘氏的无耻要求，一边电告当时在云南昆明西南联大就任外文系主任的侄子叶公超，让他火速赶往上海设法保全毛公鼎。叶公超收悉电报后，立即前往上海叔父叶恭绰家中紧急转移密藏了毛公鼎，而潘氏见自己的如意算盘落了空，便偷偷地向日本宪兵告密，果然就在叶公超刚刚转移密藏毛公鼎还没来得及返回昆明时，日本宪兵就闯进叶家逮捕了他。

在日军宪兵队的大牢里，叶公超面对日军的威逼利诱始终不肯说出毛公鼎的真实下落，即便随后日军对他实施了非人的严刑拷打，他也是守口如瓶、坚贞不屈。后来，狡诈的日本人得知叶公超自幼是由叔父叶恭绰抚养成人的消息，便将叶公超被捕的消息故意传到香港，企图以此逼迫叶恭绰交出毛公鼎。

叶恭绰得知侄子叶公超被捕的消息，真可谓是心如刀绞、左右为难，因为一边是情同父子的叔侄之情，一边是面临劫难的国之重宝，哪一边他也不能轻易割舍。于是，叶恭绰开始四处筹集资金积极营救身陷囹圄的侄儿，而在日军宪兵大狱里受尽严刑拷打的叶公超，更是将自己的生死置之度外，他悄悄用香烟纸写下一张便条，交给前往狱中探望他的妹妹带出，托人捎往时在重庆的国民政府上海市教育局局长顾毓琇，请其转告叔父叶恭绰及当局人士：他誓死也不会屈服于日本人的淫威！同时他还嘱托家人仿造了一件赝品青铜器交给日本人。

最后，日军宪兵队在收到叶家交出的那件赝品青铜器之后，又因叶公超的哥哥叶子刚重金保释，终于将已经被关押拷打近50天的叶公超放了出来，这时已是民国二十八年（1939）的春夏之交了。

一年后，叶公超在日本人追踪毛公鼎逐渐松懈时，采取"声东击西"的策略将毛公鼎安全运往香港，交给了叔父叶恭绰。就此，侄子叶公超与毛公鼎的一段生死机缘结束了，而叔父叶恭绰与这件青铜重宝又开始了另一段艰难相伴。

民国三十年（1941）12月，香港沦陷，避难于此的叶恭绰不仅因为与毛公鼎有着不解之缘，而且还由于拒绝与日本人合作出任伪交通总长之故，致使遭到了日军严密监视。后来，叶恭绰在

南京博物院

南京博物院是中国第二大博物馆，前身是1933年蔡元培等倡建的国立中央博物院，毛公鼎曾在此收藏。

一位德籍国际友人的帮助下，成功脱离侵占香港的日军监视，携带毛公鼎安全返回上海。不过，这时千疮百孔的上海依然处在日伪统治之下，叶恭绰要想在这种情况下稳妥地保护毛公鼎,简直就是怀抱一包随时可能引爆的炸药。与此同时，不愿出任敌伪政府官职的叶恭绰，由于 10 多年的坐吃山空，这时已经陷入到等米下锅的窘境之中，为了生计他不得不将毛公鼎有条件地转让给了一位发国难财的商人，条件就是战争结束后他必须把国宝上交国家。

当时，日军在中国各个战场上开始呈现出节节败退的颓势，这位发国难财的商人为了给自己留一条后路，便欣然接受叶恭绰提出的这一条件，仅以300 两黄金的代价收购了毛公鼎。那么，抗日战争结束后是否是这位商人将毛公鼎上交国民政府的呢？这位商人到底姓甚名谁？他与本文开头国民政府上海市教育局档案中所提到的国民党军统局染指毛公鼎一事有无瓜葛？在他收购毛公鼎之后直到上交国民政府这三四年间这件青铜重宝到底又有哪些扑朔迷离的经历呢？

对此，刘庆功先生在《说不尽的毛公鼎》一文中有这样一段文字：

从叶恭绰携鼎回沪到鼎最终回归政府，由故宫博物院收藏，虽然时间较为短暂，但此间详情却并不清晰。这其中涉及叶恭绰、陈咏仁、戴笠和徐伯璞四人以及上海市教育委员会。其中较为普遍的一种说法是：因为经过了这一番重大的变故，再加上十余年坐吃山空，这时候叶恭绰连生计也发生了困难，只好变卖家中文物度日，最后，在万般无奈之下，把毛公鼎转售给了商人陈咏仁，条件是战争结束后，陈必须把（国）宝上交国家。在抗战形式（势）迅速好转，日军节节败退的情况下，陈咏仁也想为自己留条后路，对这个条件欣然表示接受。

在这里，刘庆功先生虽然对商人陈咏仁因何要为自己留条后路而买下毛公鼎的深层原因有些语焉不详，但是却明确告知世人是叶恭绰把毛公鼎转卖给了商人陈咏仁。至于是不是陈咏仁将毛公鼎上交给了国民政府，刘庆功先生在这篇文章中没有明示，而是将这一未解之谜又转向了另外一个谜题，即毛公鼎是如何被国民党军统局染指的。与刘庆功先生设置两个谜题不加解释相类的，还有李海明与惠君两人在主编的《国宝档案》一书中的一段话：

> 为了维持生计，叶恭绰不得不做出决定，先将毛公鼎抵押出去，待抗战胜利后，再想办法赎回来。后来，叶恭绰没能够留住毛公鼎，毛公鼎被一位发国难财的商人买走了。抗战胜利时，毛公鼎被"上海敌伪物资管理委员会"收缴。

郭泰祺

郭泰祺（1889—1992），早年赴美国留学，获博士学位。1940年后任国民政府外交部部长、国防最高会议外交委员会主席、联合国安理会首任中国首席代表。

由此可见，叶恭绰确实是将毛公鼎转卖给了一位发国难财的商人，至于这位发国难财的商人姓甚名谁，"上海敌伪物资管理委员会"是否是从这位发国难财的商人手中收缴的毛公鼎，依然是一个没有答案的谜题。对于毛公鼎最终是何人上交国民政府的这一关键问题，南京博物院原院长梁白泉先生在主编的《国宝大观》一书中似乎给了答案：

> 抗战事起，鼎移存香港。后因日寇进攻香港，鼎在战争中失落，被运到上海，为商人陈克勤所得，旋后为陈泳（咏）仁出巨资购得。抗战胜利，陈氏以一代重器，献之于政府。

不过，梁白泉先生在这里又为人们出了一道道难题：一是毛公鼎在日军进攻香港时是如何失落的；二是何人将毛公鼎运到上海；三是商人陈克勤又是从哪儿得到的毛公鼎。关于缠绕在毛公鼎身上的这重重迷雾，今天的人们也许永远难以还原真相了，不过时任国民政府教育部部长的徐伯璞老人晚年时的一段回忆，似乎给了世人一丝破解的曙光：

抗战胜利后，乃闻毛公鼎在上海忽然有了准确的消息，认定没有被偷运到国外去，这是可喜的幸事。继而又听说，是一位发了国难财的姓刘的老人，为了保住自己的不义之财，竟把这鼎送给了戴笠，因而引起学术界的注意，主张跟踪追查，一定要收回国宝。

......

戴笠死后，于1946年春，又听说其部下已将毛公鼎交给"上海敌伪物资管理委员会"，但从侧面一再探寻，总不得实情！我便亲自写两次呈文，请国民党行政院将此古铜器迅即提交国民党教育部，以便交付国家博物院珍藏。然事经月余，还是如石沉大海，我心中倍极焦虑（因为文博事业是我当时主管业务之一），乃又第三次写呈文给行政院，并请杭立武（当时教育部的政务次长）陪同去见翁文灏（行政院秘书长），说明这件器物的重要性，才获拨给的令文，我便立即赴上海。"上海敌伪物资管理委员会"主任是郭泰祺（曾充任伪外交部部长），虽与我有一面之交，可是接洽两次仍不得要领，并说"查查看"有没有这件东西。后来偕同徐森玉（鸿宝）去恳谈，他才不得不把这件东西交出来。带到南京后，静悄悄地放在我办公室的桌下20余天，没引起任何人的注意，怕再出意想不到的波折，才又移交当时的中央博物院（即现在中山门内的南京博物院）收藏。时间约在1946年7月上旬，那时该院负责人是李济，因病休，由专门委员曾昭燏领去。

2003年以98岁高龄辞世的徐伯璞老人所述，应该是一种比较可信的答案。那么，毛公鼎之所以引起世人如此高度重视的缘故除了上述诸多因素之外，笔者觉得似乎还应该从学术角度多加关注，因为毛公鼎内壁上镌刻有32行499字铭文，是中国古代铭文字数最多的青铜器，也是研究当时社会历史、铸造工艺和书法艺术等方面一份极为珍贵的文献资料。对于这样一件国宝重器，其一出土就受到学界和古董商人的密切关注，且考释其铭文者也大有人在，到国学大师王国维时代这499字铭文已经基本上能够读通了。对此，王国维在《毛公鼎考释》序中曾这样写道：

三代重器存于今者，器以盂鼎、克鼎为最巨，文以毛公鼎最多。此三器皆出道光咸丰间，而毛公鼎首归潍县陈氏，其拓本摹本亦最先出，一时学者竞相考订，嘉兴徐寿臧明经同柏，海丰吴子苾阁学式芬，瑞安孙仲容比部诒让，吴县吴清卿中丞大澂，先后有作。明经首释是器，有凿空之功，阁学矜慎，比部闳通，中丞于古文字尤有悬解，于是此器文字可读者十且八九。

在这里，王国维不仅列举评价了其中几位学者考释毛公鼎的贡献，而且透露说"毛公鼎首归潍县陈氏"，至于极少数得到陈介祺赠送毛公鼎拓本的好友当中，王国维所提到那位浙江嘉兴的徐同柏因为是第一位认定毛公鼎为"器"之人，故而被王国维赞誉有"凿空之功"。不过，由于毛公鼎上的铭文历时久远，中华文字又多有演变，其中依然有些字难以考释。当然，王国维所撰写的《毛公鼎考释》与他考释甲骨文和古籀文一样，并不在于辨识其中不识之单字，而重在以一种全新的视角和研究方法诠释文字及相关历史。例如，他在《毛公鼎考释》序中说：

古代文字，假借至多，自周至汉，音亦屡变。假借之字，不能一一求其本字，故古器文义有不可强通者，亦势也。自来释古器者，欲求无一字之不识，无一义之不通，而穿凿附会者，非也。谓其字之不可识，义之不可通，而遂置之者，亦非也。文无古今，未有不文从字顺者，今日通行文字，人人能读之，能解之，《诗》《书》彝器，亦古之通行文字，今日所以难读者，由今人之知古代，不如知现代之深故也。苟考之史事与制度文物，以知其时代之情状，本之《诗》《书》，以求其文之义例，考之古音，以通其义之假借，参之彝器，以验其文字之变化，由此而之彼，即甲以推乙，则于字之不可释，义之不可通者，必间有获焉，然后阙其不可知者，以俟后之君子，则庶乎其近之矣。

对于自己以这种全新的视角和研究方法来考释毛公鼎之铭文，王国维在写给另一位国学大师罗振玉的信中也表示出了谦虚的自豪：

今日自写《毛公鼎考释》毕，共一十五纸，虽新识之字无多，而研究方法颇开一生面，尚不失为一小种著述也。

确实，正如王国维自己所说，他以上这种考释古文字的方法不仅纠正了以往学者在这方面的缺失，而且创建了中国近代以来比较科学的考证治学方法，其意义远远不止于其《毛公鼎考释》这一著述本身，因为王国维的这一考证方法还培养和影响了中国现代大批的考古学家和古文字学家。这恐怕要远远超出关注毛公鼎这一青铜重器本身的范围和意义了。

注：
①陈春生，正是因为陈春生是董家村人，故此不仅有毛公鼎出土地点之分歧，而且也有陈春生并非是发掘此鼎者的异议。

西周大盂鼎、大克鼎

——世代珍藏　一朝奉献

　　2005 年 2 月 28 日，由中国国家文物局、中国国家博物馆与上海市博物馆联合举办的一场具有特别意义的"珍人"与"珍品"联展——百岁寿星潘达于捐赠大盂鼎、大克鼎回顾特展，在名震中外的上海市博物馆隆重开展。

　　当晚，这三家机构又在上海市博物馆一楼大厅里为百岁寿星潘达于先生举行了别开生面的寿筵，寿筵现场灯火辉煌，寿品琳琅，高朋满座，喜气洋溢，一位身着传统暗红团花寿服的银发老人刚刚缓步迈入大厅，便立即成为参加寿筵来宾们簇拥的焦点，她就是当晚寿筵主角——百岁寿星潘达于先生。

　　那么，这位潘达于先生到底是何许人也？她与国之重宝西周大盂鼎、大克鼎又有着怎样千丝万缕的关联呢？要想解开这一谜题，我们不得不

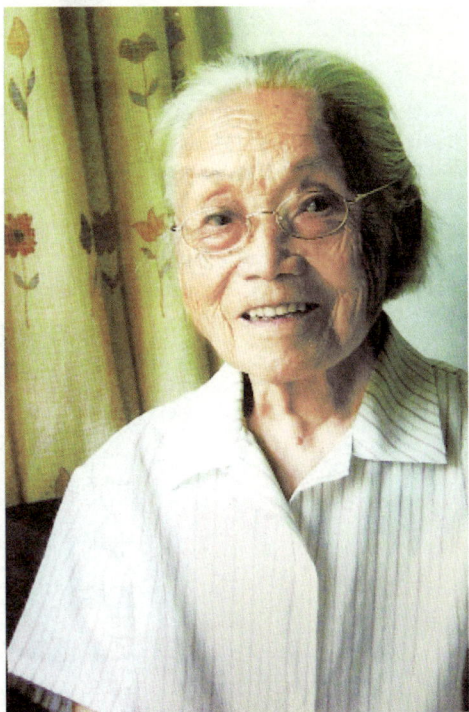

潘达于

　　潘达于（1906—2007），18岁时嫁入潘家成为潘祖年的孙媳，丈夫、祖父相继去世后，年仅 20 岁的潘达于就挑起了掌管门户、守护家藏的重任。

大盂鼎

西周时期制作，高101.9厘米，口径77.8厘米，重153.5公斤。1849年出土于陕西岐山县礼村（今宝鸡市岐山县）。1952年藏于上海博物馆，1959年转至中国历史博物馆（现中国国家博物馆）。

穿越时光隧道回溯到清道光年间，因为随后所有的风尘记忆都必须围绕着这时出土的一件西周青铜重器——大盂鼎说起。

清道光元年（1821），陕西岐山县（今宝鸡市岐山县）京当乡礼村（一说郿县孔村）村民在村西沟岸处挖出了一件青铜大鼎，消息很快就传到了县城里，并被该县首富豪绅宋金鉴（字瑞卿，一字睡卿，更名为宋金鉴则是后话）获知，宋氏"家有来鹤亭，擅楼阁花木之胜，数世收藏，有书十万卷，牙签宏富，为关辅冠"，因此对于本县礼村出土青铜大鼎一事极为重视，当即便带领家人赶赴礼村购藏了这件青铜大鼎。

青铜大鼎被运回县城家中后，宋金鉴清除了鼎上的泥土后发现，鼎高101.9厘米，口径77.8厘米，腹径83厘米，重达153.5公斤，立耳、圆底、三柱足，口沿以下的云雷纹衬底上饰有饕餮纹带，足上部饰兽面加扉棱，下部饰两道弦纹，整个大鼎的造型雄浑庄严，纹饰精美简朴。最让读书人宋金鉴感到兴奋的是，这件青铜大鼎的内壁上还镌刻有19行291字铭文，这可是判定这件青铜大鼎所属年代的最直接证据。于是，宋金鉴细心剔除铭文缝隙间的泥土与锈迹，使铭文更加清晰地显露出来，虽然他不能全部识别这些文字，但是铭文内容的意思他还是大致读懂了。

铭文记述了周康王二十三年（前998）9月的一天，康王钊对贵族盂颁布了一份册命，内容可以分为三个部分：首先，康王钊向贵族盂追述了商亡周兴的历史及天命根源，指出殷商之所以亡国是因为君主沉湎于酒，而周兴则是由于先王在办事和祭祀的时候不敢酗酒，且十分恭敬认真。康王钊在颂扬了文王、武王和成王这三位先王的盛德功绩之后，又表示自己愿意以这三位先王为典范，告诫盂也要以其祖父南公为榜样。其次，康王钊便宣布了由盂接任其祖父的官职，并赏赐了香酒、礼服、车马、仪仗和1726个奴隶，同时勉励盂一定要效法其祖先南公终身管理诸戎，恭谨办事，忠心辅佐王室，不废王命。最后，盂为了感激康王钊对自己的册命和赏赐，颂扬了康王钊的美德，又铸造这件青铜宝鼎用以祭祀他的祖先南公。

很显然，这篇铭文是历史学家研究西周早期社会组织和政治制度的一份重要文献。同时，宋金玺还发现这篇铭文章法规范，字形严谨，笔画讲究，在书写时虽然分行分列，但是书写者却能够根据字体繁简很自然地保持字与字之间的大小区别。因此，使整篇铭文在行列规范中又富于变化，这就很巧妙地照顾了通篇铭文的规范性与完整性。何况，这篇铭文的笔画圆浑含蓄，体势雍容，骨力内含，庄重典雅，堪称是反映西周书法艺术水准的一篇佳作，也是研究中国古文字发展和书体演变的重要参考资料。由于这件青铜宝鼎是西周贵族盂所铸造，故后人名之曰"盂鼎"，又因随后又有一件"盂鼎"出土面世。人们为了加以区别，便将铭文字大者称为"大盂鼎"，铭文字小的称为"小盂鼎"。遗憾的是，小盂鼎如今已经遗失无寻，仅存铭文拓片存世，这就使今天密藏在中国国家博物馆里的这件"大盂鼎"尤显宝贵难得。

获此重宝，宋金玺可谓是欣喜异常，密藏大盂鼎于自己的书房中，并叮嘱家人一定要严守秘密不得外露。不料，时任岐山县令周庚盛（字雨樵）不仅很快探知了宋家藏有大盂青铜宝鼎一事，而且顿时产生了觊觎非分之想，开始琢磨着如何利用自己的权势将这件宝鼎据为己有。于是，县令周庚盛先是利用手中权力指使手下税吏对宋家加倍增派赋税和田租，希望以此迫使宋家主动送鼎抵税，没想到作为关中首富的宋家不仅不为不合理的赋税所迫，还出巨资在京城建造起凤翔会馆来，这不由得让县令周庚盛很是恼怒，心想你宋金玺在京城建造会馆本应该叫"岐山会馆"才对，你却命名为"凤翔会馆"，岂不是故意把我父母官岐山县令不放在眼里吗？！

一招不成，又生一计，暗取不行，不如豪夺。

大盂鼎铭文拓片

大盂鼎铭文 291 字，记载了周康王在宗周训诰盂之事，真实地反映了当时的社会状况，具有极高的史料价值。

大盂鼎

这一天，县令周庚盛带领几名跟班满面春风地来到宋家大院，宋金玺一见县令来访，也只好假装笑颜地在门前迎接。进屋落座之后，县令周庚盛便将话题转到了大盂鼎身上，他原本希望宋金玺能够将宝鼎转让给他，在得到宋金玺的婉言拒绝之后，他又提出可否将宝鼎借给他观赏几日，没料到同样遭到了宋金玺不容置疑的拒绝。接连碰壁的周庚盛顿时板起面孔，厉声说道："宝鼎乃国家重器，岂是你平常百姓家所藏之物，你这么做分明是想与朝廷对抗啊！"

闻听此言，宋金玺一时语塞，而察言观色的周庚盛则乘机进言说："只要你将宝鼎借给我，让我带回去拓下铭文以供研究后便归还于你，也会念及乡情不再追究你私藏宝鼎的罪责。"

就这样，县令周庚盛强行借走了宋金玺购藏不久的大盂鼎。不过，周庚盛名为借实则夺，因为自从他从宋家拉走大盂鼎之后，宋金玺虽多次登门讨要，都被周庚盛以宝鼎被上司巡抚大人借去椎拓铭文为由搪塞回去，实际上宝鼎已经被他偷偷运往京城转卖给了琉璃厂一家古玩商，这使宋金玺终于明白了一个道理，那就是在没有权势之家是守不住家藏珍宝的。于是，宋金玺发愤苦读几年后，于道光三十年（1850）满怀信心地进京赶考，果然被当朝皇帝钦点为翰林，"以甲榜，留词曹"，并由道光皇帝根据唐代名臣魏徵进奉的"鉴"之名句，赐其更名为"宋金鉴"。

随后，宋金鉴荣归故里探寻当年被县令周庚盛巧取豪夺而去的青铜宝鼎，在一无所获的情况下只得悻悻而回。回到京城的宋金鉴，终日闷闷不乐，有一天他来到琉璃厂古玩街闲逛时，突然在一家古玩店铺里发现了正待价而沽的大盂鼎，不由得喜出望外，当即出价3000两白银购回原本属于自己的青铜宝鼎，并让凤翔会馆的乡人将宝鼎运回了岐山老家密藏。

后来，出任过贵阳知府和刑部郎中等官职的宋金鉴，因仕途暗淡在郁郁寡欢中黯然病逝，其后人宋允寿则沾染上吸食鸦片的恶习，在悉数变卖家中所藏古物典籍之后，又将大盂鼎以区区700两白银的代价贱卖给了时任陕甘总督左宗棠的幕僚袁保恒，这是同治十二年（1873）的事。

这个与宋金鉴有同年（同科进士）之谊的袁保恒，字小午，号筱坞，是

左宗棠画像

左宗棠（1812—1885），晚
清重臣，军事家、政治家、著名
湘军将领，洋务派首领。一生经
历了湘军平定太平天国运动、洋
务运动、平叛陕甘同治回乱和收
复新疆维护中国统一等重要历史
事件。

河南项城人，他在出任左宗棠幕僚期
间，曾主管西征粮台等有关事务。一
次，袁保恒在转运粮饷途经岐山县境
时，得知大盂鼎就藏在该县宋家，遂
急速向左宗棠报告了这一消息，在得
到左宗棠让他设法收购大盂鼎的指令
后，便对同年宋金鉴的后人宋允寿进
行威逼利诱，并最终如愿以偿以极低
价钱购买了这件青铜宝鼎。左宗棠得
到大盂鼎后，却没有留着自己收藏和
鉴赏，而是随即准备将宝鼎赠送给当
朝大鉴赏收藏家潘祖荫。

　　这就不由得使人们产生了一种疑
问，同样偏好金石古物收藏的左宗棠
为什么要将这件青铜宝鼎赠送给潘
祖荫？这位潘祖荫又是何许人也？
他最终是否接受了左宗棠如此高贵
的馈赠呢？

　　原来，在咸丰九年（1859）左宗
棠以举子身份出任湖南巡抚骆秉章的幕僚期间，
因为才智超群、多谋善断和办事干练而深受巡抚
骆秉章的信任，巡抚衙门诸多事宜都是先由左宗
棠初步处理后再禀告巡抚大人的。然而，这位备
受巡抚大人器重的左幕僚，时间长了不免有些恃
才傲物起来，特别是对于朝廷昏聩无能的官员更
是鄙视不恭，因此在这期间得罪了一些谄媚之徒。
据说，有一次湖南省永州镇总兵樊燮到巡抚衙门
办事时，按照巡抚衙门惯例先由左宗棠接待他，

而左宗棠早就对樊燮的无能和贪婪心知肚明，故此言语间有讥诮之意，这不由得使无能而又骄横的樊燮大为懊恼，遂撺掇同僚将一纸弹劾奏章上报到了朝廷，诬蔑左宗棠是居功自傲、图谋不轨的"劣幕"之徒。

咸丰皇帝接到这份奏章后，遂严令湖广总督官文彻查此事，并申饬说一经查实便可将左宗棠就地正法。恰巧，时任翰林院侍读学士的潘祖荫闻知了这件事，虽然他"与左宗棠素无认识"，但是他对左宗棠表现出来的卓尔不群的办事能力还是早有耳闻的，故此他紧急向咸丰皇帝上了一道著名奏疏，声言说："国家不可一日无湖南，湖南不可一日无宗棠也。"

那么，潘祖荫因何有此惊世之语呢？在接连三道保荐左宗棠的奏疏中，潘祖荫慷慨陈词地点明了个中缘由："湘勇立功本省，援应江西、湖北、安徽、浙江，所向克捷，虽由曾国藩指挥得宜，亦由骆秉章供应调度有方，而实由左宗棠运筹决策。"也就说，当年在剿灭洪秀全领导的太平天国运动时，左宗棠是立有不世之大功的。

接着，潘祖荫在上疏中将话锋一转，说道："夫宗棠一在籍举人，去留似无足轻重，而于湖南事

潘祖荫画像

潘祖荫（1830—1890），清代书法家、藏书家。咸丰二年（1852）一甲三名进士，探花，授翰林院编修。光绪间官至工部尚书。通经史，精楷法，藏金石甚富。

势关系甚大，尤不得不为国家惜此才者。"言外之意，左宗棠虽然只是一名在籍的小小举子，对于大清朝廷来说杀一个举子，实在是一件无足轻重的小事，但是如果真杀了左宗棠的话，湖南省乃至大清的东南局势必将崩溃。闻听此言，咸丰皇帝遂下旨赦免了左宗棠。

诚如潘祖荫所言，因为历史已经证明潘祖荫所言不虚，后来左宗棠在潘祖荫、陶澍、林则徐、胡林翼、贺长龄和郭嵩焘等朝廷大员的渐次举荐下，东进西伐，南征北战，在短短几年时间里便成就了一番恢宏大业，特别是他当年力排众议收复新疆一战，不仅解决了大清王朝存在多年的边疆之患，也为当今中国版图争取了 1/6 的大好河山。对于晚清名臣左宗棠所取得的这等功绩，人们用怎样高贵的言辞来评价恐怕也不为过。而促成左宗棠创建彪炳史册的伟大功勋，我们又不能不对潘祖荫当年力保举荐之功表示承认和赞叹，因为诚如大古文学家韩愈所言"世有伯乐，然后有千里马。千里马常有，而伯乐不常有"。而今，能够拥有宽阔胸怀，公心无私、不存偏见、不守陋习地举荐人才者已属罕见，更别说像潘祖荫这样以一双善鉴千年古物的如炬之眼，能够见微知著地辨识出如左宗棠这样身处底层而胸怀大略之雄才之举了。如此，在这里对潘祖荫的生平事迹加以简介，也许就不是什么多余的话了吧。

清道光十年（1830），潘祖荫出生在苏州府吴县，字伯寅，号郑盦，小字凤笙。当时，苏州大户望族潘氏可分为两大家族，一是大儒巷的"富潘"，族大，从事金融工作的人比较多；一是钮家巷的"贵潘"，世代书香，曾出过状元、探花、进士、举人，代代有人在朝中做官，潘祖荫就是"贵潘"中最贵的状元宰辅潘世恩（1769—1854) 的嫡孙。

潘世恩历乾隆、嘉庆、道光、咸丰四朝，爵位蝉联，可谓是"四朝元老"，一生做官长达 50 年之久，其中曾任清宣宗（即道光皇帝）朝宰相近 20 年。作为状元宰辅潘世恩之嫡孙，潘祖荫并非依靠祖父恩荫进入仕途，而是于咸丰二年（1852) 以一甲第三名及探花及第被朝廷授予翰林院编修，不久又升迁为翰林院侍读学士，后入值南书房负责教习皇子学业的重任，并担任皇室日讲起居注官，随后逐次累升至大理寺少卿、光禄寺卿、左副都御史、工部侍郎、户部侍郎兼任经筵讲官、礼部右侍郎、工部尚书、刑部尚书加太子太保、军机大臣等显职，光绪十六年（1890）卒后由朝廷赠太子太傅衔，谥号"文勤"。

不过，自幼涉猎百家之学的潘祖荫，虽然精通经史、"文藻艳发，兼工诗词"、"夙治《说文》，耽嗜汉学"，其书法作品也被时人及后世所珍藏，但是他最为今人所乐道的除了拔擢左宗棠于末途之伯乐般的品行与识见之外，就是他对金石古物等收藏与鉴赏的卓见与行为了。据说，潘祖荫只要听说哪里有金石彝器出土，他便立即"倾囊购之，至罄衣物不恤"，也就是说不惜倾其所有也要收购他所心仪的金石古物，比如今天人所共知的稀世之宝史颂鼎、大盂鼎和大克鼎等，都先后成为他的藏品。

当然，作为当朝金石、书画、版本的收藏大家，潘祖荫不仅所藏图书金石版本之富甲于吴下、闻名南北，而且更是一位勤奋著述的古文字学家，其著述、辑录、刊刻的著作有《滂喜斋读书记》（2卷）、《滂喜斋宋元本书目》、"滂喜斋丛书"、"功顺堂丛书"和《攀古楼金石款识》（2卷）等近百种之多。作为文人，潘祖荫自然具备传统文人的诸多风雅做派，比如他收藏古物的室名就有"滂喜斋""八求精堂""攀古楼""澄怀堂"和"金石录十卷人家"等，可谓将传统文人做派展现得淋漓尽致。

潘世恩

潘世恩（1769—1854），初名世辅，小字日麟，字槐堂，一作槐庭，号芝轩，晚号思补老人，室名有真意斋、思补堂、清颂等。

既然潘祖荫对左宗棠有以上所述的浓恩重谊，又如此精通金石鉴赏之学，左宗棠自然会想到要以大盂鼎这样的青铜重宝作为馈赠报答之礼。然而，当左宗棠致书潘祖荫说准备将新得的大盂鼎馈赠给他时，这位著名的金石学家在短暂的激动兴奋之余，又对大盂鼎的真伪产生了疑虑，故此并未欣然接受。对于恩公潘祖荫的疑虑，左宗棠在随后致袁保恒的一封信中这样说道：

大盂鼎全形拓片
清光绪三年（1877）拓本。

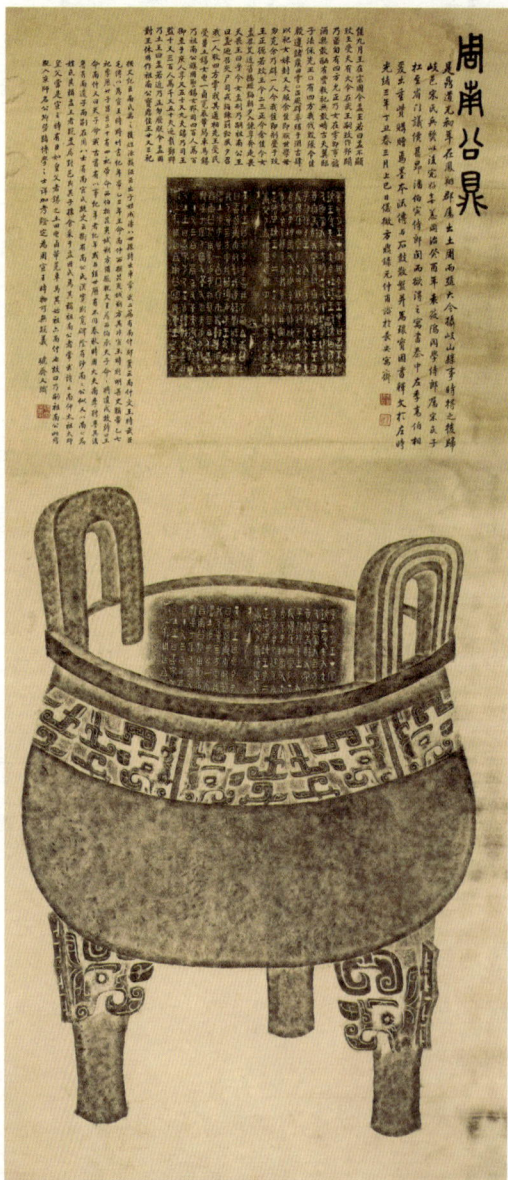

> 盂鼎拓本细玩，定非赝作，伯寅侍郎疑为不类，亦因其后互有出入，而神锋微露隽异……弟意宝物出土，显晦各有其时，盂鼎既不为伯寅所赏，未宜强之，盍留之关中书院，以俟后人鉴别……殊器不可令其勿传，致之八（滂）喜斋当称其所。

由此可见，在左宗棠眼里像大盂鼎这样的青铜重宝，只有放置在恩公潘祖荫这样的大金石学家藏斋中才堪称允当相称。果然，第二年即同治十三年（1874），潘祖荫一改先前存有的疑虑，致信左宗棠表示接受他的馈赠，并接连催促他派人将大盂鼎速运京师供其鉴赏。于是，左宗棠颇费周折地将大盂鼎运送到京师，而潘祖荫得到这件青铜宝鼎之后，真可以说是喜不自胜，这从他与另一大收藏家、好友陈介祺往来的书信中不难看出，因为他们在这些往来信件中商讨的事情只有一件，那就是潘祖荫得到大盂鼎后准备镌刻两枚印章以示纪念，一枚名曰"南公鼎斋"，另一枚更直接名之为"伯寅宝藏第一"。而为了镌刻这两枚意义非凡的印章，潘祖荫不仅与陈介祺商讨有关事宜，邀请其好友、当朝最著名的篆刻家王石经［字西泉，一字君都，别署甄古斋主，著有《甄古斋印谱》（又名《西泉印存》）］亲自操刀镌刻，而且还亲自从另一青铜宝器齐侯罍上影录了"斋"字。

王石经在操刀摹刻过程中，当他感到"伯寅宝藏第一"印章中的"寅"和"宝"两字都是"宀"字头，且"宝"的繁体字过大，在实际操刀中不易摹刻，希望能够易名为"伯寅所藏第一"时，潘祖荫在经过再三斟酌后却依然认为，非"伯寅宝藏第一"不足以与大盂鼎这样的青铜重宝相匹配。最后，著名篆刻家王石经只好数易其稿，为潘祖荫镌刻了如今也已成为文物的这枚"伯寅宝藏第一"的印章。由此可见，潘祖荫对于大盂鼎是如何的珍爱宝藏了。

潘祖荫喜得大盂鼎的15年后，也就是清光绪十六年（1890）在陕西扶风县（今宝鸡市扶风县）法门寺任村又出土了一批西周青铜重器，其中最大者"大克鼎"随后也成为攀古楼所藏之重宝。不过，关于潘祖荫最先是从何处购得大克鼎一事，世间有三种不同的说法：一是大学问家罗振玉在《贞松堂集古遗文》（卷3）中为小克鼎铭文所写的一段跋语："予近予询厂估赵信臣，言此器实出岐山县法门寺之任村任姓家。……赵君尝为潘文勤公亲至任村购诸器……"二是武树善在《陕西金石志》（卷1）中所载："扶风任村任致远掘土得之（大克鼎等），由苏子贞运归潘文勤公。"三是现今比较流行且广为人们采信的一种说法，即大克鼎出土后最先是由大国学家天津人士柯劭忞所得，而柯劭忞曾在潘祖荫家中任过门长，故而当潘祖荫亲至津门求购时他便慨然割爱。

不论这三种说法中哪一个是事实的真相，反正大克鼎在出土后不久便成为潘祖荫攀古楼中的珍贵藏品，并与大盂鼎成为当时轰动京城的最著名的西周青铜"双鼎"。那么，大克鼎是怎样一件青铜重宝？它与大盂鼎相比有何

大克鼎

西周晚期（孝王时期）一名叫克的大贵族为祭祀祖父而铸造的青铜器，又称"膳夫克鼎"，高93.1厘米，口径75.6厘米，重201.5公斤。1890年陕西扶风（今宝鸡市扶风县法门镇任村）出土，收藏于上海博物馆。

与众不同之处？这著名的西周青铜"双鼎"在潘家后来又经历了哪些风尘记忆呢？

大克鼎，又名克鼎、膳夫克鼎，通高93.1厘米，口径75.6厘米，虽然比大盂鼎矮小了一些，但是重量却比大盂鼎重了48公斤，达到201.5公斤。整个大鼎的造型为立耳、三柱足、敛口、方唇、宽沿，只是三柱足为兽蹄形，口沿以下所饰兽面纹似乎是从远古玉器纹饰中演变而来，因为兽面上只存有两只眼睛和一些弯曲的条纹装饰在颈部，至于那四四方方眼眶中的瞳仁，还有一种在灵活转动的感觉呢。另外，在这种变形的兽面纹中间，还饰有一些小的兽面，这就与大盂鼎纹饰有着迥异之处了。

在大鼎鼓出的腹部上，装饰有宽大的波曲纹，与整个腹部图案形成了带状与环状相结合的一组精美的浮雕造型，而这种有起伏且连续反复的构图方式，总能给人一种活泼舒畅的律动感。

因此，整个大鼎的造型既显得气魄雄浑厚重，又透露出一种朴厚之美，特别是腹部内壁上镌刻的那28行290字铭文，虽然每一行间都以线相隔，但是与大盂鼎的铭文一样，章法规范、字形严谨、笔画讲究、分行分列、疏密有致、繁简得当。这篇布局严谨且字迹质朴的青铜铭文，单从书法艺术角度而言也堪称是罕见的金文书法杰作，更何况铭文所记内容竟然是一段尘封了近3000年的政治往事呢。

潘祖荫喜得大克鼎时，鼎内铭文几乎全部被泥土和锈迹所覆盖，连十之一二也难以辨认，经过精心剔除污垢才使人们了解到了这样一段史实：西周孝王(另有懿王、厉王之说)时期，国君感念先朝重臣师华父对王室所做出的卓越功绩，遂提拔其嫡裔长孙克担任专门管理天子饮食的"天官"——膳夫，并负责出传王命、入达下情之重任。克为了颂扬国君的贤明恩德，以及祖父谦逊品质、宁静性格和美好德行，便铸造了大小克鼎、克钟、克盨、仲义父罍、仲义父鼎、克镈和克彝等青铜器皿以纪。在这长篇铭文中，克不仅记述了周王对自己官职的任命，还对国君给予自己大量礼服、土地和奴隶的赏赐情况予以记载。

很显然，这篇铭文对于人们研究西周土地制度和社会制度等，都提供了极其珍贵的史料。如此珍贵的青铜铭文，在当时虽然一张拓片售价达1至2两白银之贵，但是"求拓本者踵至，应接不暇，多以翻本报之"，也就是说能够得到真正拓本的，似乎只限于少数与潘氏交往的金石学家，普通外人只能求得翻制拓本而已。

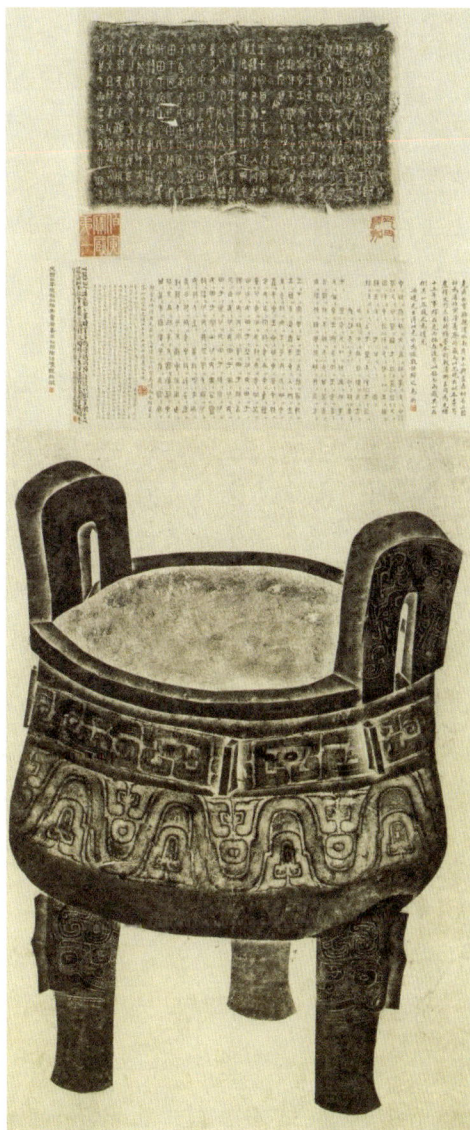

大克鼎全形拓片

清出土后初拓本，上有"伯寅宝藏第一"玺印。

令人感到遗憾的是，潘祖荫购藏大克鼎之后还没来得及详加鉴赏著述，便于光绪十六年（1890）12月在京城病逝了，从而使大盂鼎和大克鼎这名震寰宇的"双鼎"等诸多珍稀古物失去了他的坚强护持，也使其亲人的命运因此而发生了一系列的重大改变。确实，即便潘祖荫在世时，他所购藏的"双鼎"就曾遭受时任清陆军部尚书兼直隶总督端方的觊觎，只是碍于潘祖荫在仕宦及学界隆盛之声望而未能得逞，而今潘祖荫病逝便又勾起了他的非分之念。

不过，非分之念向来为人唾弃，也是不应该得逞的，何况端方这一非分之念竟然是贪占青铜重宝，更何况这青铜重宝的主人还是来自苏州的"贵潘"之家呢。所以，潘祖荫在生命弥留之际，就曾对从苏州奔疾而来的弟弟潘祖年重申了他所立下的家规："谨守护持，决不示人，世世代代留在潘家。"于是，潘祖年在哥哥病逝后便将其多年购藏的青铜重器等诸多古物珍品，用船悉数运回苏州南石子街潘家老二的大宅院内密藏起来。

得知"双鼎"已被潘祖年紧急运回苏州密藏的消息，懊恼万分的端方除了痛感鞭长莫及之外，觊觎之心始终不曾死灭。事有凑巧，转眼到了光绪三十四年（1908）时端方竟出任两江总督，直接管辖着包括苏州在内的江南大片区域，这使他产生了唾手可得潘家密藏"双鼎"的幻觉。但是，这时执掌潘家事务的潘祖年，并不像哥哥潘祖荫那样态度温婉地予以回绝，而是丝毫不留情面地严词拒绝，这使骄横跋扈的清朝贵族大吏端方更加恼羞成怒，发誓要将潘家"双鼎"据为己有。而潘祖年为了秉承哥哥的遗愿，不使家藏"双鼎"等珍贵古物从自己手中散失，也开始对密藏"双鼎"的地方严加戒备，竟使不能明抢豪夺的边疆大吏端方毫无办法。

就这样，潘祖年严守"双鼎"三年后，因为端方于宣统三年（1911）受命领兵前往四川镇压保路运动被起义士兵枭首，才结束了这段艰难与其抗衡的护宝岁月。

那么，潘祖荫的藏品为何由其弟弟潘祖年继承、珍藏和守护呢？原来，潘祖荫夫妇一生未曾生育子女，就连从弟弟潘祖年家过继为嗣的两个儿子也先后早殇，而弟弟潘祖年也只留有两个女儿，大女儿嫁给了吴江同里的大户徐家，二女儿则嫁给了著名画家兼收藏家吴湖帆。于是，潘祖年为了接续自己和哥哥潘祖荫这两家香火，便从祖父潘世恩第三个儿子也就是"贵潘"老三家过继了一个孙子为嗣，这个名叫潘承镜（表字蓉士）的孙子遂兼祧了潘祖荫和潘祖年这两家香火。不料，寄托了接续两家香火希望的潘承镜，在民国十二年（1923）与同邑大家闺秀丁达于小姐成婚仅仅三个月后，竟没能留下子息血脉就病逝了。接着，两家之长潘祖年也于第二年辞世而去，这就使当时年仅19岁的孙媳妇丁达于成为这两家巨富财产的唯一继承人，也就在这时丁达于更名为潘达于，义不容辞地担负起了守护潘家所藏"双鼎"等诸多古物珍宝的历史重任。

潘达于在大克鼎拓片前

清光绪三十一年（1905）3月出生在苏州的潘达于，虽然只是粗通文墨的小女子，但是对于守护家藏古物珍宝还是十分明确尽责的。为了恪守祖公潘祖荫将"双鼎"等古物珍宝"世世代代留在潘家"的遗训，潘达于曾先后从姐夫潘博山和姐姐丁燮柔家过继了一儿一女，希望守护"双鼎"能够后继有人。当然，在儿子潘家懋和女儿潘家华长大成人之前，潘达于为了守护"双鼎"等大量珍宝不使其散失，还不得不独自面对来自各方面的威逼利诱，因为在叔祖公潘祖年病逝几年之后，叔祖母也永远地离开了密藏诸多珍宝的潘家老宅。

据说，20世纪20年代末有一位美国富商风闻苏州潘家藏有"双鼎"的消息，竟专程赶赴中国苏州位于南石子街的潘家老宅，表示他可以出资600两黄金外加一栋花园洋房购买"双鼎"，没想到却遭到了年轻的潘达于的断然拒绝。经此一事，潘达于更加明白既然洋人愿意出此巨资购买"双鼎"，可见家藏的这些古物绝非一般藏品，其重要价值非是黄金等有价证券所能交换，从而使潘达于守护"双鼎"等家传藏品的决心更加坚定。

不过，潘达于心里非常明白像自己这孤儿寡母之家，要想守护塞满整整两间厅堂的这诸多青铜古物和书画不使散失，实在不是一件轻易能为之事。于是，年轻的潘达于首先想到应该对这些古

潘祖荫故居

潘祖荫故居坐落在苏州平江河西侧幽静的南石子街，原建筑包括攀古楼、滂喜斋等。

物进行一次彻底的清理，在查清底数之后才便于管理和珍藏，遂邀请品行可靠的摄影师来到潘家老宅，将家藏中品相完好的青铜器逐一进行拍照，仅此所得玻璃底版就多达380余块，可见潘家所藏之宏富确实是堪称甲于江南了。

潘达于初步完成对家传藏品的清查之后，日寇侵华战争已经全面爆发，短短一个多月的时间战火就蔓延到了大上海，而邻近的"人间天堂"苏州也随着"八一三战事"的爆发迅速陷于敌手，这使潘达于不得不仓促地随同苏州"贵潘"家族避居太湖之滨的光福山区，一双过继儿女潘家懋和潘家华也随迁就读于南浔古镇，致使包括"双鼎"在内的所有家传珍藏全都陷于战火之中。

为了使"双鼎"等家传国之重宝免遭外族掠夺，潘达于紧急召开了苏州"贵潘"的家庭会议，随后趁着当年中秋佳节将至之前战事稍缓之际返回苏州老宅，与姐夫潘博山等极少几人商定把"双鼎"等极为珍贵的青铜重宝埋藏在自己居住的房间地下。于是，潘达于在日寇统治下的苏州老宅，让家中木工紧急打制了一只大木箱，并撬开居室内铺设的一层地砖，挖掘了一个足以埋藏大木箱的长方形大坑，然后先把大木箱放入其中，再把"双鼎"缓缓装入木箱内，"双鼎"腹内以棉絮等柔软的丝绵物填充，木箱的空隙处则以一些小的青铜器和金银珠宝填补，最后再按照地砖原样封存铺设好，几乎不露曾经挖掘的点滴破绽。

至于祖公潘祖荫多年购藏的书画典籍版本之类，潘达于颇费了一番斟酌之后，终于想起了老二大宅院里那处极为隐秘的"三间头"，也就是仅有一扇小门与弄堂相通的那夹弄里的三间隔房，如果将那扇小门用杂物堆起淹没的话，是极难被外人所发现的。主意已定，潘达于立即组织亲近家人将祖公潘祖荫多年购藏的书画版本，按照宋元明清的朝代顺序分类，先是装进30多只书箱，然后一一搬运藏入"三间头"，将那扇小门关严之后再在门外堆设一些破旧家具，竟使在"贵潘"家服侍多年的老家人也难以辨清。

一切家传珍宝埋藏隐蔽之后，潘达于才稍稍心神安定地离开苏州老宅，前往上海等地躲避战乱去了。果不出潘达于之所料，就在她离开苏州潘家老

陈梦家

陈梦家（1911—1966），祖籍浙江省上虞县，现代著名古文字学家、考古学家、诗人、收藏家。

宅之后不久，占领苏州古城并到处抢劫掠夺的日本兵便闯进了潘家，据说在日军司令松井石根的严令下，日军曾在一天之内7次进入潘家老宅搜查，但是却没有发现潘达于精心选择的藏宝之地，之后只得无奈地不了了之。

时间到了民国三十三年（1944），机智谨慎的潘达于因担心埋藏在地下多年的"双鼎"遭到江南严重水汽的锈蚀，竟然秘密潜往苏州潘家老宅撬开覆盖在"双鼎"上已经有些凹陷的地砖，发现装存"双鼎"的木箱已经糟朽毁坏，遂组织叔伯兄弟潘厚存、潘景郑和过继子潘家懋一起将"双鼎"取出，将"双鼎"移存在潘家老宅另一间极为隐蔽的厅堂内，然后再将这间厅堂大门彻底钉死，并一直封存到民国三十八年（1949）5月苏州解放。

同年8月，上海市文物管理委员会成立的同时，也专门颁布了一系列保护文物的法令法规。这时，寓居上海的潘达于获悉上海市文物管理委员会正在积极筹备大规模博物馆的消息，便联想到家传藏品"双鼎"等诸多古物文玩的历史命运，逐渐认识到以一己之力是难以完好保存这些国之重宝的，遂决定将包括"双鼎"在内的一些家藏古物捐赠给上海市文物管理委员会。于是，潘达于于1951年7月6日主动致函华东军政委员会文化部说：

谨启者，先祖舅伯寅公当逊清光绪间，学尊公羊，启新民之初轫，网罗金石，创考古之先河。遗箧彝器有盂、克二鼎，为举世称重。公逝世后，保存迄逾六十年，中间虽清朝两江总督端方一再威逼利诱，坚拒未为豪夺。迨于旅沪日久，所有器物均寄存同族寓庐。迨"八一三"之役，日寇陷苏，屡经指点搜索，幸早复壁妥藏，未罹洪劫，而宅中什物掠夺殆尽矣。窃念盂、克二大鼎为具有全国性之重要文物，亟宜贮藏得所，克保永久。近悉上海市文物管理委员会正积极筹备大规模之博物馆，保存民族文化遗产，发扬新爱国主义教育，唯是上海为华东重要地区，全国人民往来辐辏，诚愿将两大鼎呈献大部，并请转交上海文物管理委员会筹备之博物馆珍藏展览，俾全国性之文物得于全国重要区域内，供广大观众之观瞻及研究，借以彰先人津逮来学之初衷。

接信后的当月 26 日，上海市文物管理委员会便派员与潘达于及其过继女潘家华和当时正在上海休假的著名考古学家陈梦家先生等一同前往苏州，在苏州南石子街 15 号潘家老宅接收包括"双鼎"在内的多件商周青铜器。同年 10 月 9 日，潘达于捐赠大盂鼎与大克鼎这著名"双鼎"的授奖典礼在上海市天平路 40 号隆重举行，这里是当时上海市文物管理委员会的所在地，参加这一典礼的不仅有主持者、华东文化部文物处处长、著名作家唐弢，还有文物博物馆界的知名人士徐森玉、沈尹默、徐平羽、沈迈士等，华东文化部部长陈望道向潘达于颁发了中央文化部部长沈雁冰（茅盾）亲自签发的褒奖状：

褒 奖 状

潘达于先生家藏周代盂鼎、克鼎，为祖国历史名器，六十年来，迭经兵燹，保存无恙，今举以捐献政府，公诸人民，其爱护民族文化遗产及发扬新爱国主义之精神，至堪嘉赏，特予褒扬，此状。

中央人民政府文化部部长 沈雁冰

一九五一年九月十三日

随后，中央人民政府还奖励给潘达于 2000 万元奖金，对于这笔相当于后来 2000 元人民币的不菲奖金，潘达于婉言谢绝："查上项古物归诸人民，供历史上之研究，正欣国宝之得所，乃蒙政府赐给奖状举行典礼，已深感荣幸，今又蒙颁给奖金，万不敢再受隆施，恳请收还成命，无任盼祈之至。"

其实，当时潘达于的家庭经济收入并不宽裕，出身大家闺秀后入名门望族的她正参加里弄生产组，学习在玻璃上钻孔的生产技术，竭力做一个自食其力的劳动者，她那两个过继子女也都是普通的中小学教员，孙辈的年岁则更小，但是她依然将政府发给她的奖金捐献，用于支持抗美援朝战争，这种品德在如今已经成为极为弥足珍贵的人性奢侈品。

无偿捐献"双鼎"之后，潘达于又先后在 1956 年捐献字画 99 件，1957 年捐献字画 150 件，1959 年捐献古物 161 件，后来还陆续捐献出了弘仁的《山水卷》、倪元璐的《山水花卉册》、沈周的《西湖名胜图册》等诸多元明清名家字画，如今这些捐献品分别被上海博物馆和南京博物院所收藏。至于本文中重点记述的大盂鼎与大克鼎这声震寰宇的"双鼎"，1959 年中国历史博物馆（今中国国家博物馆）成立时大盂鼎奉命北调入藏该馆，而大克鼎则成为上海博物馆的"独子"，使苏州"贵潘"珍藏达 70 年的"双鼎"就此"劳燕分飞"。

徐森玉

徐森玉（1881—1971），名鸿宝，字森玉，浙江吴兴（今浙江省湖州市）人。中国著名文物鉴定家、金石学家、版本学家、目录学家、文献学家。

　　记得文物博物学界一代宗师徐森玉先生在初见大盂鼎与大克鼎时，曾这样惊叹道："此乃是研究中国古代史和美术考古学的珍贵资料，它们在学术上的价值，堪与毛公鼎、散氏盘和虢季子白盘媲美，若以小盂鼎、小克鼎与之相比，真有大巫小巫之别了。"

　　诚如斯言，徐森玉所说的毛公鼎前文已经记述，至于散氏盘和虢季子白盘，请看后面章节分解。

西周小盂鼎

——同根宝器 湮没其一

　　上文中曾留有一条轻描淡写的线索，那就是与其中大盂鼎相对而言的另一件西周青铜重器——小盂鼎之来龙去脉。按说，无论是从出土时间、地点还是两者之间诞生始末因缘等方面而言，大、小盂鼎本该是上文中的主角，而笔者之所以将本属"同根生"的大、小盂鼎拆开来进行分述，除了上文中讲述那两鼎之间存有不可割裂的内在联系之外，另一个主要原因就是关于小盂鼎的流转过程实在是隐晦难辨，以致最终竟使这件国之重宝湮没在了历史风尘中。

　　确实，关于小盂鼎的发现及其流转经过，实在包含有太多的不解之谜，特别是随着知情者与再传知情者在时间推移中不断离世，以及一些满含揣测性的杜撰文字之误导，致使原本就不甚明了的历史往事变得更加让人费解。因此，笔者在面对关于小盂鼎那诸多看似严谨实则稀松甚至自相矛盾的文章时，不能不参阅隐藏在浩瀚典籍中那些艰深晦涩但足可征信的学术类著述，以望从中细致梳剔出点滴线索，来连缀已经模糊或者缺失了的历史碎片，从而尽量驱散笼罩在这件青铜重宝上的重重迷雾，使人们尽可能清晰地认识到湮没在滚滚风尘中的国宝真相。

　　不过，在依据足可征信史料来梳理小盂鼎流转经过之前，首先要特别纠正大多文章著述中一个望文生义的低级错误，那就是大、小盂鼎名称之由来，进一步说应该是"盂鼎"大小命名之别之由来，因为依据这两件青铜器上铭

文而知其为西周康王朝之重臣
"盂"所铸造的缘故，将这两件
青铜器命名为"盂鼎"是不存异
议的，唯有大小命名之别却不是
人们惯常以器型大小而定，而是
根据这两件青铜鼎内铭文字体的
大小所定，故此不能不在此着重
指出，以免以讹传讹的错误一再
传染下去。

　　除此之外，关于小盂鼎的出
土地点与时间问题，上文中有关
于大盂鼎是清道光元年（1821）
出土于陕西岐山县（今扶风县）
京当乡礼村（一说郿县孔村）之说，而小盂鼎因
是随后在同一地点被发现，故此小盂鼎出土地点
至少亦有岐山礼村与郿县孔村之两说。不过，近
代学者王国维在《小盂鼎跋》一文中指出"此鼎
（即小盂鼎）与大盂鼎同出陕西眉县（旧称郿县）
礼村"，这与郿县孔村之说似有"孔""礼"之讹，
至于这一"讹"到底出自何人，则不敢妄自揣测。

　　另外，据陕西礼泉人罗宏才博士调查得知眉
县虽有礼村，但岐山却无礼村，因此他便将岐山
礼村推测为与岐山毗邻的扶风吕村之（音）误，
遂在同一部著述的不同文章中采用（或者直接说
采信）了"大、小盂鼎在陕西岐山礼村（笔者注：
请读者注意，而不是罗宏才博士推测的扶风吕村）
重见天日"之说，以致将大、小盂鼎原本就有两
地之说搅得更加纷乱不堪。至于小盂鼎出土的时

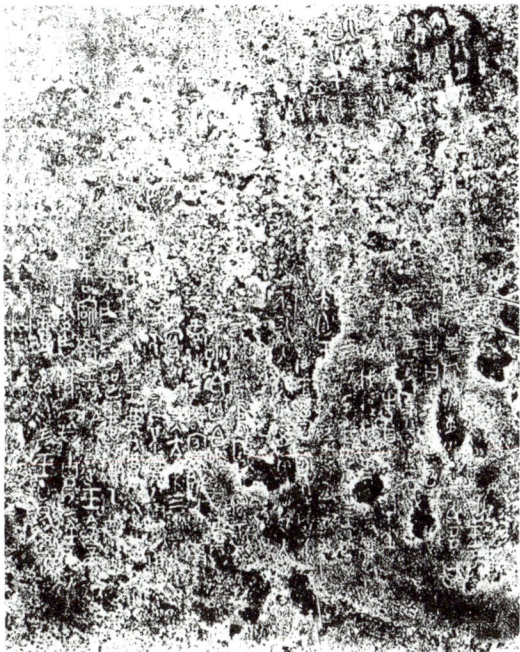

小盂鼎铭文拓片

　小盂鼎原器已失，仅有铭文
拓片传世。铭文拓片品质低劣，
计有400余字，多模糊不清。

间问题，世人一向采信的是在清道光元年（1821）大盂鼎出土后不久之说，而罗宏才博士同样犯有在同一部著述不同文章中采用清道光元年（1821）与道光二十三至三十年（1843—1850）前后之模糊（或者直接说糊涂）说法的毛病，导致"雾满小盂鼎"之雾又增添了它的人为迷雾。

无论小盂鼎出土地点与时间有何迷雾之说，都不妨碍它与大盂鼎一样首先为岐山"牙签宏富"的宋家所藏，只是到底由宋家哪代掌门人经手购藏，依然需要依据宋氏族谱与大、小盂鼎出土时间来综合推算。不过，关于这一点世人基本上没有什么异议，那就是由岐山宋氏六世祖宋兑成（1786—1863）购藏。据清末民初编撰的《岐山宋氏族谱·续稿》中记载，只出任过陕西武功县教谕并汉中府南郑县教谕的宋兑成，在购得大盂鼎之后不久便听说那里又出土了一件比大盂鼎还要高大的青铜鼎，遂再赴该村与之协商购藏该鼎。

原来，将大盂鼎出售给宋兑成的那位村民，见一件青铜鼎竟能换取从未见过那么多的白银，便再次来到当初发现大盂鼎的村西沟岸边挖掘，果然又掘出了一件比大盂鼎还要高大的青铜鼎。于是，这位村民与宋兑成进行一番讨价还价后，便将这件青铜鼎又出售给了这位本县首富。据说，宋兑成购藏大、小盂鼎共花费白银 3500 两，以至于当地有宋家用一骡车银子换回大、小盂鼎之传闻，当然也为宋家在金石收藏界赢得了"尤搜罗三代铜器，不下数百余事。其中最名贵而富有历史性者，即大、小盂鼎"之美誉。

遗憾的是，购藏大、小盂鼎为宋家赢得美誉的同时，也引起了闻宝起意者的觊觎和掠夺，比如大盂鼎最终被左宗棠强取豪夺，比如陕西学者张扶万（字鹏一）于民国十一年（1922）在《在山草堂日记》中有"岐山宋姓为翰林，富著一邑。其花园近在城南，纵火焚烧之。书籍无论新旧，盖付之一炬。古董字画，逮为徙来交际之用。到处荒凉，不能备言"的记载。其中，关于大盂鼎几经转手为左宗棠所豪夺之事上文中已有详述，至于是何人焚烧宋家花园并掠走包括小盂鼎在内的诸多古董字画作为自己"交际之用"，实在不能不详细记述之。

原来，自从宋兑成幸运地获得大、小盂鼎后，便依照国人家有珍宝秘不示人之传训，秘密定做两个内镶锦囊的木盒将这两件青铜宝鼎盛放其中，然后置放在宋家藏书楼内并用帷布遮盖起来。不料，岐山宋家藏有青铜重宝的消息还是被泄露了出去，遂使宋家花园于同治二年(1863)遭到回民起义军的焚毁劫掠，同时也导致宋家掌门人宋兑成不堪这一骤然遭难而气绝身亡。

升允

升允（1858—1931），姓多罗特氏，字吉甫，号素庵，蒙古镶蓝旗人。历任山西按察使、布政使，陕西布政使、巡抚，江西巡抚，察哈尔都统，陕甘总督等要职。

宋兑成遽然离世后，岐山宋家随即衰落下去，即便宋兑成之子宋金鉴早于道光三十年（1850）高中进士榜被授予翰林院庶吉士，依然对远在千里之外的故里陕西岐山家园鞭长莫及。随着宋家大盂鼎于同治十二年（1873）被左宗棠强取豪夺之后，小盂鼎则大概于光绪三十年（1904）前后被宋金鉴之侄宋世男献于时任之陕西巡抚为己谋取了山东省东阿县知县一职，从此竟使小盂鼎之流转变得扑朔迷离起来。

关于贿取小盂鼎的这位陕西巡抚是何许人也，查阅史料可知应有3位人选：一是光绪三十年（1904）十一月之前出任该职多年的蒙古贵族升允，二是接任升允两个月后便因病解职的夏时，三是接任夏时之后已近清王朝覆亡的曹宏勋。因此，有人认为贿得小盂鼎者很可能是升允或曹宏勋且以前者可能性更大些，而笔者以为以民国二年（1913）出任陕西督军陆建章于此时得到小盂鼎这一地缘性与时间接近性来说，曹宏勋贿得小盂鼎的可能性则应该更大些，试想如果是被酷爱金石书画鉴赏的蒙古贵族升允所得的话，他在离任时怎能不将如此青铜重宝携离陕西而遂迁新的任所呢？

除此之外，晚清金石学家吴式芬在成书于光绪二十一年（1895）的《攈古录》中则提供了一条与此截然不同的线索——"器（小盂鼎）出陕西岐山，安徽宣城李文翰令岐山得之"，随后王国维也在《小盂鼎跋》中信从此说："此鼎（小盂鼎）与大盂鼎同出陕西眉县礼村，宣城李文翰宰岐山，遂携以归。赭寇之乱，器已亡佚，拓本传世亦稀，惟潍县陈氏（陈介祺）有一本。辛酉（1921）春日，上虞罗叔言参事（罗振玉），借得陈氏本影照，精印百本行世，此其一也。"

对此，罗宏才博士认为吴式芬所说"安徽宣城李文翰令岐山得之"者并非小盂鼎，而是小盂鼎的铭文拓本而已，笔者不知罗宏才博士此言根据何在，试想如其所言李文翰得到的只是小盂鼎一纸铭文拓本的话，向以严谨著称于世的伟大学者王国维在"宣城李文翰宰岐山，遂携以归"之句中何用"携"字，故此笔者以为即便小盂鼎于民国之初被陕西督军陆建章所得是不容置疑之史实，但是此前是否如吴式芬与王国维所言李文翰曾得到过小盂鼎之事，应该还是存疑为稳妥。那么，民国二年（1913）陕西督军陆建章又是如何得到小盂鼎的呢？

对此，近人党晴梵在《华云杂记》中不仅有文字明确记载陆建章得到小盂鼎之事，而且对这件青铜重宝随后的流转也多有涉猎，比如他说："小盂鼎，口径一尺五寸奇，铭文四十余字。与（大）盂鼎措词同而言简，文字结体亦相类。宋氏式微，流落人间，民国初年，为陕西督军陆建章所得，陆失败时，复为王飞虎劫掠。王死后，闻鼎归其部下傅振甲，傅死，鼎之消息莫得而知矣。"

与党晴梵以上所言相类的，还有张扶万于民国二十七年（1938）发表在《西北史地》创刊号上《商周铜器多出于今陕西凤翔岐山宝鸡眉县扶风各县说》一文所记：

小盂鼎，或云亦宋金鉴家物，民国初年，陆建章为陕西督军，得之，陆去陕时，为朝邑王飞虎截获于省垣东关，载归朝邑，王死后，为部下傅振甲所得，以后下落不明。

　　遗憾的是，陆建章是如何得到小盂鼎的，以上两位学者并没有言明。于是，有人根据有关史料及访问知情者后人得知，陆建章是从陕西新军第一师师长张云山手中所得。原来，晚清时陕西长安县人张云山（1877—1915）曾入伍甘军，后因其为人豪爽仗义而被推为陕西新军洪帮首领，宣统三年（1911）参加辛亥革命而出任秦陇复汉军兵马大都督，民国初年（1912）又升任陕军第一师师长。此时，在仕途上一路辉煌挺进的张云山，因受师部参谋、有诗书画"三绝"之称的前清翰林宋伯鲁之影响，开始大肆搜集古董字画以消弭自身原有的勇猛之气，从而借禁烟之名在岐山、扶风、咸阳与兴平等地搜刮到了难以数计的金银珠宝及古董字画，其中西周青铜重器小盂鼎就是他在此期间所得。只是张云山是从何处何人手中得到小盂鼎的，至今因为没有足以揭露真相的史料出现而只好存疑了。

　　民国二年（1913），张云山得到小盂鼎之后还没来得及"用心鉴赏"，陕西境内便接连发生了民党首领邹子良与马开臣被杀及白朗起义军入陕之变故，于是北洋政府临时大总统袁世凯此时虽然已经任命张云山为陕北镇守使，但是不仅以上述变故为借口不使其立即就任，而且随后还派遣自己的亲信陆建章接替原陕西都督张凤翙以便控制整个陕西，这就使陕西土著出身的张云山产生

陆建章

　　陆建章（1862—1918），安徽蒙城人，天津北洋武备学堂毕业。1914年春，白朗率起义军入陕，陆建章所部被编为陆军第七师，陆建章任师长兼西路"剿匪"督办，镇压白朗起义军。1915年升任威武将军，督理陕西军务。

张云山

张云山（1877—1915），陕
西长安人。光绪二十一年（1895）
陕甘总督兼新疆巡抚陶模为镇压
西宁回民起义在陕西募兵，张入
伍随军转战甘肃、青海、新疆，
积功升任都司。

了一种杯弓蛇影的感觉，当然这种感觉确
实是真切无误的。

面对不可抗拒的政治风云，张云山本
能地希望以自己多年搜刮的金银珠宝与古
董字画来结交陆建章，没想到当他将包括
小盂鼎在内的所有财宝贿赠一空时，陆建
章却没有让他去接任陕北镇守使之职，这
使原本性情豪爽仗义的张云山不由得一气
而病，竟于民国四年（1915）6月以39岁
壮龄一病毙命了。

至于小盂鼎被陆建章得到之后的流转
经过，党晴梵与张扶万虽然在前文中已经指出，
但是其中缺环与具体细节则不甚了了，故此梳理
如下：豪取小盂鼎的陆建章真可谓是喜不自胜，
不意其子陆承武于民国六年（1917）5月在率部进
剿富平当地反对武装时，却被陕军陈树藩部所擒
获，于是陆建章为了救回儿子陆承武遂被陈树藩
所迫辞去陕西督军之职，转而向北洋政府举荐由
陈树藩出任该职。

随后，陆建章携带几年间在陕西搜刮的包括小
盂鼎在内100多车珍宝及鸦片烟土等物，依照双
方事先协定由陈树藩所部武装护送出陕时，竟在
西安东关附近遭遇预先埋伏于此的陕军严纪鹏（白
翎子）与王飞虎（字子凤，小名王银喜）部的袭击，
陆建章所携诸多珍宝财物均被劫掠一空，其中西
周青铜重器小盂鼎被王飞虎所得。

民国十年（1921），王飞虎随着靠山陈树藩的
垮台而死于北京，小盂鼎遂被其部下傅振甲所得，

至于傅振甲是何许人也，他是如何得到王飞虎所藏之小盂鼎，限于史料记载缺失而不可得知，反正待到傅振甲不知何时因何而死之后，关于小盂鼎的踪迹便消失得无从追问了。

到了 20 世纪 50 年代，时任陕西大荔师范学校教师的王重九，开始历时多年深入王飞虎、严纪鹏等人故里朝邑县（今并入大荔县）的西柿子村等地进行调查，将其所得小盂鼎可能埋藏在大荔县西柿子村的推断，撰写成《周初国宝"小盂鼎"失落在大荔说》一文，并公开发表在 1988 年第三期《考古与文物》杂志上，从而为世人追寻这件青铜重宝提供了一条有益的线索。

不过，迄今为止关于小盂鼎之踪迹依然如雾里看花般使人无法辨清，唯有希望在人们心中不断地燃起并增强。

西周散氏盘

——百年蒙尘　慧眼识辨

2007年4月5日,熹如先生在第117期《中国文物报》上发表了这样一首诗:

天下至善者,莫过于和谐;天下至美者,莫过于流水……以力降人,未必天长地久,以礼服人,才是境界之最。两千八百年前的证物,化干戈为玉帛,让人们鉴于止水;三百五十字的契约,讲明了一个故事,让人们懂得和为贵……圣人之言,堪为我们教诲;上善若水……

很显然,这首现代诗热情礼赞的是距今已有2800多年历史的西周青铜重器——散氏盘。殊不知,被今人大加礼赞的这件国之青铜重器,在民国十三年(1924)被重新发现之前的那100多年里,竟然如敝屣一般被弃于皇家紫禁城内一间库房的破旧木箱里,并覆盖上了一层厚厚的积年尘土,以致围绕着这件青铜重器真假等问题,把学界诸多名流大家都卷入到了这场纷纭聚讼之中。

那么,西周青铜重器散氏盘到底是真是假呢?

要想揭开这一谜题,从散氏盘的出土时间、地点及流传过程进行探寻,也许不失为一把有效的开门钥匙。不过,关于散氏盘出土的时间问题,竟然也有着两种不同的说法,而这两种不同说法的起源又都来自著名学者的著述或考证。

一是张廷济在《清仪阁题跋》中记载说，散氏盘是清康熙年间（1662—1722）在陕西凤翔出土面世的，随后辗转流徙到江南被多家名门望族所收藏，比如安徽歙县的程氏及江苏广陵（今扬州）的徐氏、洪氏等，到了嘉庆十一年（1806）时由盐使额勒布以重金购藏，4年后适逢嘉庆皇帝50岁寿诞，额勒布遂将散氏盘作为寿礼敬献于御府。

二是阮元对散氏盘的最先考证，他认为散氏盘出土于清乾隆中叶（1760年左右），后流入京师琉璃厂古玩铺时被江姓翰林所购藏，并被江翰林将其运回故里扬州庋藏，并在当时青铜器仿造中心——苏州仿制了两件，其中一件售与日本人，另一件则下落不明，到了嘉庆十四年（1809）时任湖南巡抚阿林保在偶然机会里从一位盐商手中购得散氏盘，并准备将散氏盘作为寿礼呈献给嘉庆皇帝，为了防止所呈散氏盘是一件赝品而获罪，阿林保便将散氏盘送到当朝著名金石鉴赏大家阮元府上请其鉴别真伪，在确定所得散氏盘是真品并定名后才敬献给嘉庆皇帝，而嘉庆皇帝也因此龙颜大悦拔擢阿林保当上了两江总督，遂世间便有了"阮元定名散氏盘，阿毓保献宝祝寿得荣升"之说。

对于张廷济和阮元所流布的以上两种不同说

散氏盘

西周晚期制作，因铭文中有"散氏"字样而得名。清乾隆初年出土，现藏于中国台北"故宫博物院"。

法，目前学术界比较认同第二种说法，也就是阮元所说散氏盘出土于清乾隆中叶为确。不过，颇具别样意味的是，学术界和古玩界虽然比较认可阮元关于散氏盘出土时间之说，却对其散布是江姓翰林仿制两件散氏盘一说持有异议，甚至直接揣测说是阮元自己仿制了两件散氏盘，随后又将这一行为转嫁到无从考证的所谓江姓翰林身上，以混淆视听，欺瞒世人。

对于学术界和古玩界的这一怀疑，笔者查阅有关典籍著述后可推知，这一怀疑似乎并不是什么空穴来风，或者说事实真相也许正如学术界和古玩界所怀疑的那样。比如，据金石鉴藏家吴云在为散氏盘铭文拓本亲手所书写的题跋中说：

阮元

阮元（1764—1849），清代中期著作家、刊刻家、思想家，在经史、数学、天算、舆地、编纂、金石、校勘等方面都有着非常高的造诣，被尊为"三朝阁老""九省疆臣""一代文宗"。

> 周散氏盘初藏扬州徐氏，后归洪氏，至嘉庆丁卯（1807）两淮都转乃献于都，而旧□遂不复见，惟阮文达公摹铸二器世传不肖，一时拓片即风行于□，而原拓罕见……

另据国学大师王国维在民国二十三年（1934）5月24日致好友蒋毂孙的一封信中说：

> 散氏盘在一湘人处，弟在沪时有人约往观，后卒不果。唯闻即系阮文达仿造之物，三十年前在扬州欲售钱百贰拾千，无过问者，后乃

为湘人游宦所得，即此是也，叔通想能知其详。

由此可见，作为大学问家的阮元不仅有可能仿造了两件散氏盘以牟取暴利，甚至连散氏盘铭文拓本也被他拿到古玩市场上出售赚钱。对此，虽然陈重远先生在《老古玩铺》一书中采信了其20世纪末访问北京琉璃厂原博古斋和德宝斋两位当时已经年逾九旬的老古玩商范岐周、毛润甫所述，但是依然不能消弭学术界和古玩界对阮元仿制散氏盘的疑虑，因为陈重远先生转述范岐周与毛润甫讲述的那一段往事，不仅来源于原博古斋掌柜祝晋藩与陈介祺的一番对话，而且这段对话的内容依然没能跳出阮元当年对散氏盘之考证。记得陈重远先生在书中这样绘声绘色地写道：

陈介祺和祝晋藩考证毛公鼎铭文时，谈到散氏盘。散氏盘出土于乾隆年间，乾、嘉、道三朝的文人学士用散氏盘上铭文中的字句集联书对，成为风尚。故而，在咸丰初年，陈介祺、祝晋藩考证研究毛公鼎上铭文时，自然说起散氏盘。

他们是从比较毛公鼎内铭文字体与散氏盘铭文字体而说起的。陈介祺说："毛公鼎铭文字体清秀圆润，笔道丰腴，线条圆厚。比较来说散氏盘铭文字体，则是方峭挺拔，苍劲古朴，奥妙无穷。"

祝晋藩讲："陈翰林说得对。现在散氏盘铭文拓本很难得到，因为散氏盘原来收藏在大内。乾隆年间在民间收藏时，据老古玩行人说，散氏盘出土后经琉璃厂一位姓王的做中介，卖给家住扬州的一位江翰林，他花上万两纹银得到手，运回扬州老家收藏，秘不示人，只拓出357个字的铭文拓本，在琉璃厂姓王的古董商那里出售，拓本少，价格昂。其后又由阮元大学士收藏，拓出拓本赠送给友人欣赏研究。集当代金石学者智慧，经阮元的考证研究，最后将此盘定名为散氏盘。嘉庆十五年（1810）嘉庆帝五十大寿，湖南巡抚阿林保从民间搜集到这散氏盘作为寿礼敬献给皇帝，入贡内府，从此铭文拓本在民间很难得到。"

不用细揣，这段文字还不足以廓清笼罩在阮元仿造散氏盘一事上的浓厚迷雾，当然陈重远先生的文章似乎也没有这一意图。

原本想解密散氏盘出土的时间问题，没想到竟引出了这件青铜重宝的真赝来，问题似乎又回到了原点。其实，就此围绕散氏盘的纷纭聚讼还远不止这些，如依然由阮元率先对散氏盘考证命名的问题，就有当时及后世诸多学者提出了颇具新意的各自见解。比如，乾嘉年间朴学大师钱大昕，就根据散氏盘铭文中先后3次出现"西宫"二字，而在《潜研堂金石跋尾》中将阮元命名的"散氏盘"更名为"西宫盘"。而现代著名考古学家郭沫若先生，则依据散氏盘铭文中所记述的一段西周旧事，将散氏盘定名为"矢人盘"，并得到了另外一位考古学大师陈梦家先生的认同。当然，阮元首创的散氏盘之名还是流布最广，并为世人普遍接受且难以更改的一个名称。

还比如，关于散氏盘的出土地点问题，一般都认为是出土于陕西凤翔，而原南京博物院院长梁白泉先生在主编的《国宝大观》中，就有"散氏盘系乾隆中叶出土，具体地点不详"一语，甚至连出土于陕西都未能予以明确告知读者。对此，笔者以为并非是对极具权威性《国宝大观》一书提出非议，而是单从散氏盘铭文所涉及内容可知，该铭文所述历史既然是发生在陕西境内之西周属国之间的一段往事，何以如此吝啬究问学术之魄力，何况王国维对此早有"独具悬解"

郭沫若

郭沫若（1892—1978），中国现代文学家、诗人、考古学家、古文字学家、历史学家、社会活动家。

之论断呢？

　　为此，在学舌王国维对散氏盘出土地点进行独辟蹊径的解析之前，不能不对散氏盘本身特征及其铭文内容做一白话记述了：散氏盘通高 20.6 厘米，口径 54.6 厘米，底径 41.4 厘米，重 21.31 公斤，圆盘，浅腹，立耳，圈足，盘口饰龙纹，腹部饰有简化且间隔有三兽首的夔龙纹，高圈足部饰有饕餮纹与窃曲纹，造型别致，花纹精美，平面浮雕，铜质精粹，特别是这件通体呈深褐色的青铜圆盘底镌刻的 19 行 357 字铭文，不仅通篇文字呈现出一种拙朴自然而又率意奔放的风格特点，就连单个字体也将圆笔和钝笔交叉使用，且笔画圆而不弱、钝而不滞，堪称中国书法艺术史上又一经典范本，否则也不会在出土后迅速成为京师文人学士竞相集字为联的一种风尚雅好。

　　至于铭文所记述的历史故事，更是中国乃至世界最早的一份土地契约文书。确实，这篇铭文记述的内容是：在西周中晚期周厉王胡统治期间，畿内夨和散这两个相邻的诸侯国因为边界纠纷问题，相互之间一直争论不休、攻伐不止，特别是夨国屡次进犯散国边境，掠夺了散国大量的土地和财物，后来散国上诉到周厉王胡那里请求裁决，于是周厉王派遣一位名叫仲农的史正（西周负责土地的官职名称）与两个诸侯国相关官员进行了实地走访勘察，利用山川和道路、树木等自然标志对两国边界做以客观划定，认定夨国应该归还先前用武力掠夺的散国领土，最后在仲农的见证下夨国归还了所掠夺的散国土地，并发誓绝不毁约，否则愿意按照所掠夺土地的价值赔付罚金，同时还要传告各诸侯国共同与夨国断绝往来，随后仲农将双方签字的新的两国边界地图交给夨国，宗主国留有契约副本，而散国则把这份誓约镌刻在青铜盘上作为永久的证据。

　　今天，我们从有关文献中得知西周施行的是井田制，所有土地都属于周王所统治的国家所有，任何诸侯国及个人都只有使用权而没有所有权，因此土地是严禁私下交换或进行买卖交易的，而从散氏盘这篇铭文中，我们发现这种严格的土地制度已经开始发生变化：变化之一是诸侯国之间已经发生了土地纠纷事件；变化之二是土地已经可以有条件地进行转让；变化之三是土地还可以用等价物来交换。这些情况都说明了一个道理，那就是西周中晚期

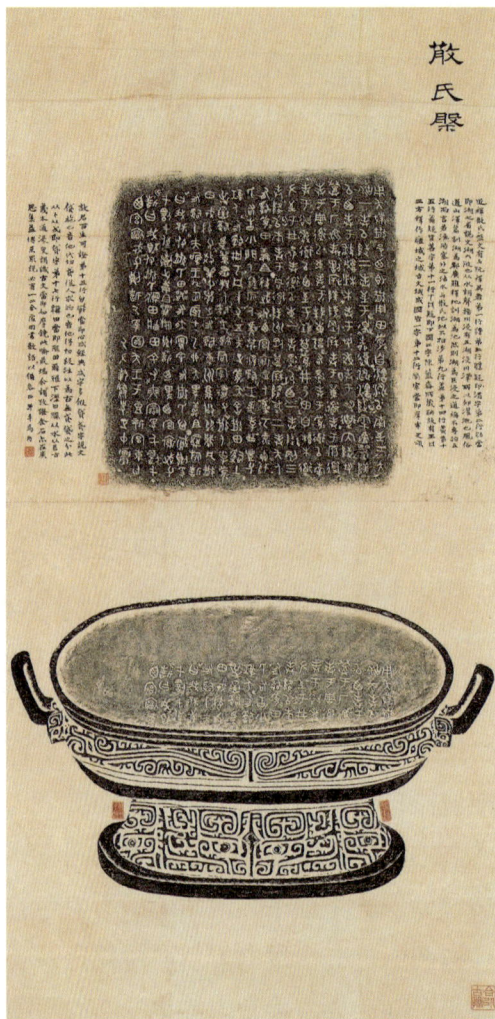

散氏盘铭文拓片

清代拓印。散氏盘内底铸有
铭文19行357字。记述矢人付
给散氏田地之事，是研究西周土
地制度的重要史料。

随着王室势力的衰弱，原本建立在
经济基础上的井田制开始松动，或
者说周王室的统治地位及权力已经
有所削弱，这毫无疑问是学者研究
西周政治和经济制度的一篇极为重
要的史实文献。因此，仅从散氏
盘上的这篇铭文意义来看，将散
氏盘定为国之重宝是一点儿也不为
过的。

正是通过对散氏盘这篇铭文的
深度释读，国学大师王国维就散
氏盘出土地点一事，于民国十年
（1921）2月6日除夕之夜致信后
来出任故宫博物院院长的马衡先
生，提出了自己非同凡响的见解：

顷有一事足为兄陈者，华阳王
君叔沅言及克钟、克鼎出土之地，
乃在宝鸡县相对之渭河南岸（闻诸
秦中旧人）。又其南即古大散关，
而克鼎与散盘地理大有关系，可知散氏盘出土之
处亦去彼不远；又可知散氏盘之散即后世之大散
关矣。《水经注·渭水篇》：大散关之南有周道谷。
而散氏盘亦有周道一地，从此克、散二器可着手
研究，此殆兄所极乐闻者也。

诚如斯言，王国维随后以此为切入点对散氏盘
的出土地点问题，进行了极为精到而准确的研究，

并取得了足以弥补史缺的独特成果。对此，王国
维任职清华大学国学研究所导师时的门人赵万里
先生，就曾对王国维参阅《水经注》《诗》《书》
等史料典籍及运用其较为谙熟的独特的音韵学识，
以"二重证据法"考释散氏盘铭文中所提及散
国地理位置的治学途径，给予了高贵而又客观的
评价：

　　先生尝谓考释彝器，非考之史事以知其时代
之情状，本之《诗》《书》，以求其文之谊例，
考之古音，以通其谊之假借，参之彝器，以验其
字之变化不为功。观于此文（指王国维《散氏盘
铭考释》一文），益见其方法之完密，非吴大澂、
孙诒让辈所可同日语矣。

赵万里

　　赵万里（1905—1980），著
名文献学家、敦煌学家，精于版
本、目录、校勘、辑佚之学，国
学大师王国维的同乡兼门生。

　　关于王国维绵密考释散氏盘出土
地点之长篇论述，有兴趣者可以参阅
《王国维学术研究论文集》，在此只
能谨告读者的是，王国维通过对散氏
盘铭文的考释得出：夨（zè）国疆域
相当于今天山西鳌屋（疑为今之周至）
和武功一带，散国则相当于大散关、
大散岭以东及陈仓一带。值得赞叹的
是，王国维这一建立在深厚学识基础
上的考释，已被近年来科学的考古发
掘资料所证实，由此可见王国维门人
赵万里所论绝非虚妄之言，也可见王
国维治学途径之精到。

　　细心的读者一定发现了这样一个问题，那就是前面既然说到散氏盘铭文拓本极难获得，王国维又是从何得到这一铭文拓本并加以考释的呢？原来，自从阿林保将散氏盘当作寿礼进贡清朝内府后，由于嘉庆皇帝不似其父乾隆皇帝那样偏好金石书画收藏鉴赏，在初获散氏盘的短暂欣喜之后便交由内务府收藏，随后历经道光、咸丰、同治、光绪和宣统五朝，这些皇帝不仅没有收藏鉴赏金石书画的雅好，而且还要疲于应对内忧外患的国事朝政，散氏盘这件青铜重宝也就始终处于无人问津的冷藏状态，以致后世传说散氏盘已经在咸丰九年（1859）英法联军入侵北京后焚烧圆明园的那场大火中毁灭了。

　　关于散氏盘毁于火烧圆明园之传闻，有人揣度说这个传闻的源头来自于清宫内务府官员的讹传，后经琉璃厂古董商的渲染流布，一时间竟成为世人之共识定论。

　　时间到了民国十三年（1924）的 5 月，依然居住在皇宫紫禁城里的逊帝溥仪，在一次组织内务府官员清理养心殿库房物品时，竟然意外地在一只落满灰尘的木箱中发现了散氏盘。已经消失了 100 多年的青铜重宝散氏盘被重新发现时，人们多以为是一件赝品，后经多位金石专家对照原始拓本详加考证，才最终确认这件散氏盘就是真品。逊帝溥仪得知后，十分欣喜，遂命人椎拓了 60 份[①]铭文拓本分赠给臣工属僚，而这时任职逊清南书房行走的王国维也得到了一份，这就使王国维得以对散氏盘铭文进行绵密之考释。

　　不料，就在散氏盘被重新发现的同年 11 月 5 日，盘踞在皇宫紫禁城里的逊清小朝廷被冯玉祥将军驱逐出宫，因散氏盘不似书画卷轴那样便于携带偷运出宫，遂使这件青铜重宝免遭被溥仪偷运出宫的那些法书名画一样罹难无寻，而是幸运地留存在故宫之中。

　　溥仪出宫，宝盘留存。民国十四年（1925）仲春时节，北洋政府邀集诸多学界名流、政府要员及逊清金石学家共同组成清室善后委员会，开始对故宫中留存下来那些依然难以数点清楚的文物珍宝进行清理，一位工作人员在位于库房角落处的一只陈旧木箱里发现了散氏盘，随即质疑真伪之声再次在社会上被传得沸沸扬扬。于是，清室善后委员会成员、著名金石学家马衡先生开始对这件散氏盘进行详细考证，他先详细询问发现散氏盘的具体经过，随后又找到逊清内务府官员要来一份溥仪命人椎拓的铭文拓本，并对照实物从花纹、铜质及铭文字体等诸多方面做以分析，遂确认这就是散氏盘真品无疑。

为了学术慎重起见，马衡先生还将散氏盘拿到琉璃厂尊古斋请大古董商、鉴定青铜器翘楚人物黄伯川把关，也得到了这位金石巨眼的认可，遂使笼罩在散氏盘身上长达 100 多年的真赝迷雾就此消散。

民国三十八年（1949），散氏盘随同当年故宫博物院南迁诸多精品文物一起被运往台湾，而今已成为中国台北"故宫博物院"的青铜镇馆之宝。

注：

① 60 份之说源自赵万里年谱，而其他几乎所有书刊资料中都说是 50 份。

黄伯川

黄伯川（1880—1952），名濬，以字行。北京琉璃厂古玩商人，研究商周秦汉青铜器的专家，考证金文、甲骨文的学者。早年在同文馆读书 8 年，成绩优秀，通晓德、英、法 3 国语言。

西周虢季子白盘

——乱世密藏 和平归公

　　1954年，新中国发行了第一枚青铜器邮票，其主角就是本文的主人公——西周虢季子白盘。殊不知，这件因战争而诞生的青铜重器，在穿越了近3000年的历史烽烟之后，竟然又是在战火纷飞中被重新发现，随后不仅引发了新一轮长达近百年的保护与掠夺之争，也见证了一代名将后裔将这件国宝化私为公的不朽功绩。

　　西周宣王十二年（前816）正月吉日，周宣王静在都城宣榭内大摆筵宴，隆重庆祝王师在西征猃狁的战争中大获全胜，并对取得这次战争胜利的王师统帅西虢国（今陕西凤翔、宝鸡一带）贵族虢季子白进行了丰厚奖赏。庆功宴会结束后，虢季子白为了铭记周宣王给予自己的这份殊荣，便命令工匠铸造了一件长137.2厘米，宽82.7厘米，高39.5厘米，重达215.5公斤的青铜长盘，并亲自撰写一篇长达111字的四字韵文镌刻其上，铭文既详细记录了这次西征中斩获敌首的人数，又对周宣王赏赐的奖品如战马、弓矢和斧钺等都有具体记述。

　　通观这篇铭文，除了在学术上为研究西周晚期与北方少数民族关系及西北地理方面提供了一份珍贵的史料之外，还在书法艺术上对于研究西周晚期金文风格变化起到了无可替代的重要作用。

　　据书法艺术史研究者告诉我们说，金文发展和流行的鼎盛期当属西周武王至穆王统治阶段，这时虽然商代发明在青铜器上镌刻几字族氏铭文的做法依旧流行，但是已经开始出现一些百字铭文，且文字结构也保存有殷商甲骨文的古法形态，笔画凝重而质朴，风格粗犷而自由，即便在章法上讲求分行布列，却不似西周晚期如毛公鼎铭文那样成熟规矩地在界格内书写文字，当然随着这时人们审美习惯有所变化，书写者在书写时已有了向规范匀整方面发展的倾向，典雅、端庄、秀丽的金文书法作品则随之出现。

虢季子白盘

西周宣王时期制作，晚清时期出土于宝鸡，现收藏于中国国家博物馆。形制奇特，圆角长方形，四曲尺形足，口大底小，略呈放射形。四壁各有两只衔环兽首耳，口沿饰一圈窃曲纹，下为波带纹。

穆王以后至懿王时期，金文书法作品不仅长篇铭文大为增多，而且文字书写的实用功能也开始凸显，字形讲究大小匀称，笔画缺少波磔和粗细变化，结构章法已变得中规中矩，铭文内容的程式化现象相当明显。

到了西周晚期，金文的艺术性和装饰意味逐渐减弱下降，字体笔画也更加趋向于成熟规范，并由于周王室权势削弱等原因，导致金文书写风格出现了丰富多彩的地方特色。比如，这件虢季子白盘的长篇铭文，就在整齐章法中出现了部分行列文字向左侧倾倚的现象，而其余行列文字则保持中心对齐、上下连贯的体式，这种率意活泼并寓动于静的变化，竟然取得了一种意想不到的美妙效果。

还记得唐代大书法家孙过庭曾对书圣王羲之的作品进行过独特分析，他曾具有独创性地认为：王羲之"写《乐毅》则情多怫郁，书《画赞》则意涉瑰奇，《黄庭经》则怡怿虚无，《太师箴》又纵横争折，暨乎《兰亭兴集》，思逸神超……所谓涉乐方笑，言哀已叹"。也就是说，书写者在书法艺术创作活动过程中，往往会因为书写内容而引起某种情绪变化，而书写者情绪的某种变化又必然会导致书法作品出现各不相同的形式和效果。

诚如斯言，我们今天如果细细欣赏虢季子白盘铭文所体现出的书法艺术魅力，便不难发现那俊秀飘逸的形体、流畅瘦劲的笔画及潇洒

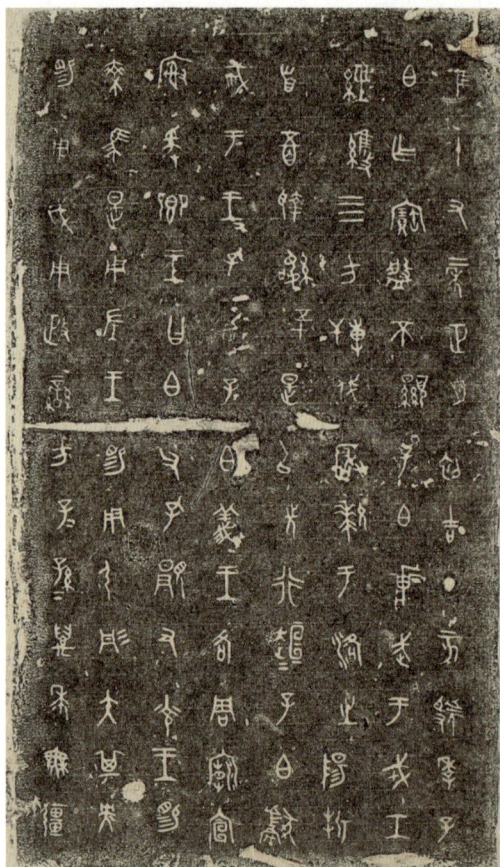

虢季子白盘铭文拓片

虢季子白盘内底部有铭文111字，讲述虢国的子白奉命出战，荣立战功，周王为其设宴庆功，并赐弓马之物，虢季子白因而作盘以为纪念。铭文语言洗练，字体端庄，是金文中的书家法本。

清新的风神，非近3000年前虢季子白这位踌躇满志的西虢国贵族，在春风得意且醉意朦胧中是绝不可能完成的。然而，就是这样一件在历史、科学和艺术方面具有重要价值的西周青铜重器，却在具体流传过程中仅今人所知就曾两度被世人在日常生活中当作马槽使用过，这实在不能不引导读者去追寻虢季子白盘在晚清及近代传世中的一些沧桑往事。

据清光绪年间编撰的《庐州府志·刘铭传·跋》中记载，清道光年间（1821—1850）陕西宝鸡县虢川司农民在田间劳作时掘得一件青铜器，运回家

中后因其过于笨重便被当作盛水存料的喂马槽。有一天，时任郿县县令兼理宝鸡县掾的徐燮钧（号傅兼）到乡野民间游历时，闻知虢川司农民发现了一件纹饰精美的青铜器的消息，遂前往探察并当即以百金购归廨署，在对其上铭文进行细心椎拓考释后，便将其命名为虢季子白盘且被后世所认可。

后来，徐燮钧卸任返回故里江苏常州，虢季子白盘也随之迁往江南，珍藏在位于常州鸣柯巷的徐府天佑堂内。到了清咸丰十年（1860）4月6日，太平军殿后军主将陈坤书攻占常州，徐氏天佑堂在战火中被焚毁无余，陈坤书也因此役被晋封为"殿前礼部副春僚御林兵马提征顶天扶朝纲护王悦千岁"（简称护王），随后徐氏所藏的虢季子白盘被陈坤书所掠得，并置放在由阳湖县衙门改建的护王府内。

4年后即同治三年（1864）5月11日，李鸿章统率的淮军悍将刘铭传收复常州进占护王府为

太平天国护王府遗址

太平天国护王府位于常州市局前街187号毛家弄口，原为清代阳湖县衙署所在地。

驻地，一天晚上当他在驻地巡视时忽然听到从马厩处传来金属撞击的声音，而这声响并不似往常战马身上佩饰相互碰撞所发出，恰如鸣玉扣钟般铿锵悦耳，遂寻声而去，发现原来是战马佩饰不时撞击马槽的声响，粗通文墨的刘铭传凭借直觉感到这件马槽不同寻常，第二天一起床便命人将马槽洗刷干净，不待细瞧就被马槽上镌刻有狰狞诡异的纹饰及刚劲难识的铭文所惊诧，于是认定这件马槽应该是先朝铸造的一件青铜重器，遂派遣亲信将其运回安徽故里肥西县大潜山下的刘老圩刘家大院里秘藏起来。

喜获虢季子白盘后的刘铭传，因为生性刚直不阿，不谙宦途玄机，在波诡云谲的仕途上可谓是屡经沉浮，虽然后来出任过清廷边疆大吏——台湾省第一任巡抚，但最终还是在光绪十七年（1891）借病辞官归隐故里，这时虢季子白盘便成为他晚年生活的一大寄托。

确实，早在刘铭传辞官归隐的 20 年前即同治十年（1871），他当时正处于军旅仕途低谷阶段，就曾在刘老圩刘家大院后花园里钢叉楼后建造了一座造型精致的"盘亭"，专门用于存放这件虢季子白盘，并亲书一副嵌字对联悬于盘亭小门两侧——盘称国宝，亭护家珍。接着，刘铭传为了诠释虢季子白盘上的铭文内容，遂邀请当朝著名金石学家吴云进行考释，后又邀请英翰和徐子苓为之作序，连同自己所作之序一并集成了一篇《盘亭小录》流传后世，这使在战场上声名远扬的一代名将竟也添加了些许文人气息。刘铭传在自撰的小序中曾这样写道：

寂寂青山，悠悠白云，一重阙案，百尺孤亭，世有识奇好事如扬子云者，览而补证之，则更幸甚！

随后，叱咤风云的悍将刘铭传聘请椎拓名家将虢季子白盘的铭文椎拓数纸，分赠给少数几位知交的金石学界名流，引得诸多好古人士争相考证研究，但是要想得到刘铭传赠送的铭文原拓就实在是难之又难，更别说一睹虢季子白盘的实物真颜了，据说就连两朝帝师翁同龢大学士也只能自恨缘浅福薄，可见刘铭传绝不像世间传说的那样是一个赳赳武夫，而是颇懂得如何将传统文人学士的风雅做派展现得尽致淋漓之道的。

光绪二十一年（1895），天朝大国在中日甲午战争中败于弹丸岛国日本，并被迫签订《马关条约》将台湾及澎湖列岛等地割让给日本，消息传到正在故里肥西县刘老圩养病的刘铭传耳中时，顿时使这位为了保卫、治理和建设台湾呕心沥血也因此赢得宝岛人民拥护和爱戴的晚清民族英雄，当即就口吐鲜血昏倒在地，不久便含恨而逝。据说，刘铭传在弥留之际除了手指东南方向迟迟不放下手臂外，就是叮嘱子孙一定要妥善保护好虢季子白盘，不使其从刘家散失出去。然而，令刘铭传实在无法想到的是，刘氏后人为了践行他的这一遗嘱，竟然备受各方势力的迫害和摧残，真可谓是饱经磨难、九死一生。

民国二十二年（1933）5 月，时任安徽省政府主席的军阀刘镇华久闻肥西县刘老圩藏有青铜重宝虢季子白盘，总梦想着能够占为己有。一天，刘镇华带领随从在当地官员的陪同下，来到肥西县刘老圩拜会刘铭传四世孙刘肃曾，当他提出观看宝盘的要求遭到刘肃曾婉言拒绝后，又希望以重金购藏刘家这件祖传至宝，没想到同样被刘肃曾巧妙地回绝了。

接连碰壁，不由使一向专横跋扈的军阀刘镇华恼羞成怒，遂指使手下人对刘家大院展开了翻箱倒柜似的搜查，一番折腾毫无收获之后，便对刘

刘铭传

　　刘铭传（1836—1896），洋务派骨干，台湾省首任巡抚，率军击败法国舰队的进犯，且编练新军，从事建设铁路等一系列洋务改革，为台湾的现代化奠定了深远的基础。

氏子孙多人施行鞭打，饱受皮肉之苦的刘氏子孙却无一人屈服于刘镇华的淫威，致使刘镇华明火执仗的夺宝计划没能得逞。随后，夺宝之心不死的刘镇华改变策略，暗中派人监视刘氏子孙的一举一动，企图探听到刘家藏宝之所在。而恪守先祖刘铭传遗训的刘氏子孙，自然也是更加小心谨慎，并由当时主持家政的刘肃曾一一告诫刘氏族人，在任何情况下也不得透露藏宝的消息。

就这样，刘氏子孙与军阀刘镇华巧妙而艰难地周旋了4年之久，直到民国二十六年（1937）日军侵华战争全面爆发，并沿江长驱直入将兵锋直接指向江南时，这时的安徽省省会合肥也迅速陷于危急之中，军阀刘镇华遂不得不携带多年来在安徽搜刮的金银细软仓皇逃窜，才结束了刘氏子孙这一段惶恐不安的生活状态。

刘镇华

刘镇华（1883—1956），曾任陕西督军兼省长、安徽省主席等职。1949年逃往台湾。1956年11月18日在台北家中病逝。

不过，家藏国宝，注定不得安生。军阀刘镇华走了，美国富商又找上门来，不仅一开口就提出愿意出巨资购买刘家的祖传宝盘，并信誓旦旦地说一定会安排刘肃曾一家人到美国去定居。对此，刘肃曾态度十分坚决地表示说："别说家中没有什么青铜宝盘，即便有也不能卖给你们外国人，我们刘氏子孙绝不能做对不起祖先的事情。"

拒绝美国商人的态度可以坚决，可面对国民党政府要员提出国宝应该交由国家收藏的这一堂而皇之之要求，刘氏子孙却不能充耳不闻、置之不理，可当时外敌入侵战乱纷起，将家传国宝献于这样的政府，并不能使刘肃曾等刘氏子孙感到放心，于是他们只能采取拖延推诿的策略予以应付。比如，早在民国二十七年（1938）2月20日时任安徽省教育厅厅长的杨廉就曾致电国民政府教育部，报告说肥西县刘氏后裔家藏国之重宝虢季子白盘，请求设法将其收归国家珍藏。对此，笔者手边虽然还没有资料可以推知国民政府教育部后来是如何答复的，但是最终的结果却很明确，那就是虢季子白盘依然密藏在刘氏后裔手中。

还有，民国三十二年（1943）3月2日安徽省肥西县名流沈亮致函时任国民政府教育部部长陈立夫，建议说将刘氏家藏的虢季子白盘运往陪都重庆收藏，以免在这场反侵略战争中被日寇所劫掠，后来亦因刘氏后裔不愿意交出宝盘而作罢。

关于以上两次国民政府收缴刘氏家藏虢季子白盘未果之事，罗宏才先生曾有专门文章记述过，在此不赘。至于当年安徽省肥西县名流沈亮担心虢季子白盘遭受日寇劫掠之说，确实不是什么没来由的危言耸听，因为当时驻扎在距离刘老圩不足3公里处的一支日军确曾多次到刘家大院彻查，只是刘肃曾等刘氏后裔早有预见，抢先对虢季子白盘进行了更加隐蔽的埋藏之后，便举家迁移他乡躲避去了，致使日寇多次到刘家大院彻查都只能是徒劳无获。

另有，国民政府财政部部长孔祥熙在陪都重庆时，也曾找到刘铭传五世孙刘学植，表示说只要他交出虢季子白盘，他就让刘氏后裔4人出任税务局局长之肥差，可同样被刘学植以战时局势混乱为由推托了。

民国三十四年（1945）8月抗日战争胜利后，刘肃曾等刘氏后裔满怀希望地回到家乡，不曾想等待他们的并不是什么安居乐业的美好生活，而是更加疯狂的夺宝摧残。原来，这时出任安徽省政府主席的是原国民党第十一集团军总司令李品仙，这位嗜古成性的桂系军阀同样对刘氏家藏的虢季子白盘垂涎已久，因此刚到安徽上任就迫不及待地想将这件青铜重宝据为己有而后快。于是，李品仙先是派人前往刘家大院以一县之长为诱饵，想诱使刘氏后裔主动交出青铜国宝，没想到刘肃曾等刘氏子孙不为所动，并巧妙地回绝说在抗战期间他们举家外迁后国宝已经不知去向，他们也正在到处寻找呢。

李品仙

李品仙（1890—1987），国
民革命军陆军二级上将，保定军
校毕业。抗战中出任第十一集团
军司令，后任第十战区司令，中
华民国安徽省政府主席。

面对刘氏后裔这种无懈可击的回
绝，李品仙并不相信，当然也不肯就
此罢休，而是随后派遣营长兰宗明率
领一个营的士兵进驻刘老圩，名义上
是武装保护刘氏祖传的国之重宝，可
在这冠冕堂皇的名义背后，竟然隐藏
着一个极其狠毒的阴谋。

一天清晨时分，营长兰宗明以他
丢失贵重财物为借口，带领士兵蛮横
地砸开刘家大门，将还躺在被窝里的
刘肃曾提拎出来，严令他交出刘家后
人昨天晚上所偷盗的财物。面对营长
兰宗明这兵匪式的无端诬赖，刘肃曾
只能强压怒火进行辩解，可他的辩解在诬赖面前
显然毫无作用，反而更激起蓄意诬赖者兰宗明的
恼怒，遂将刘肃曾的后人抓走关押起来，以此逼
迫刘肃曾交出虢季子白盘。

后来，刘肃曾在营长兰宗明的要挟威逼下，
只得无奈地承认是刘氏子孙偷盗了他的财物，并
写下以家藏国宝虢季子白盘为抵押的一纸凭证，
才将被关押的刘氏子孙救赎回家。

对于兵匪式的夺宝行为，刘肃曾在万般无奈
之下趁着夜色再次逃离家乡，而无赖营长兰宗明
所带领的一营士兵，随后也在社会舆论的强烈谴
责下撤离了刘老圩。不过，并没有就此死心的李
品仙又生出一条毒计，即将夺宝任务交给了肥西
县县长隆武功，李品仙的这个亲信下属比营长兰
宗明更加无赖，他竟然把自己这个县长的办公室

直接设在了刘家大院里，其目的就是更加方便他搜查刘家藏宝的蛛丝马迹。

　　搬迁进刘家大院里"办公"的县长隆武功，每天除了在刘家大院内明察暗访之外，还不时纠缠刘肃曾的妻子李象琇，企图诱使李象琇规劝逃避在外的丈夫刘肃曾回家，并欺骗说他之所以坐镇刘家大院就是为了保护刘家祖传宝盘，而弱女子李象琇非常清楚隆武功的伎俩，遂顺水推舟答应派家人外出寻找丈夫刘肃曾回乡，暗中却交代家人说让丈夫刘肃曾坚决不可回家。

　　阴谋未能得逞的隆武功不由气急败坏，终于露出了掠夺刘家祖传国宝的丑恶嘴脸，急切地派人将刘家大院数十间房屋的地砖全部撬开，并表示就是掘地三尺也要把虢季子白盘找到，结果自然

刘铭传故居复原图

　　刘老圩是淮军故里圩堡群之一，是清末淮军著名将领、淮军第三号人物、首任台湾巡抚刘铭传的私人庄园。坐落在合肥西乡（今肥西县）境内岗峦起伏、草木葱茏的大潜山脚下。

是一无所获。那么，刘肃曾等刘氏后裔究竟将虢季子白盘密藏在哪儿呢？

民国三十八年（1949）1月21日，肥西县获得解放，常年躲藏在外乡的刘肃曾也回到了家乡。同年8月和12月，华北（疑是华东）高等教育委员会与中央人民政府文化部文物局先后探寻青铜重宝虢季子白盘的下落，安徽省皖北地委及行政公署便指示由肥西县派人前往所辖的刘老圩调查，肥西县官亭区区长吴勃随即找来潜山乡乡长吴桂长询问有关情况，并强调说查找虢季子白盘是一项重要的"政治任务"。

于是，乡长吴桂长与副乡长陆春阳经过认真分析后，认为虢季子白盘有可能还密藏在刘家大院内，遂于当晚找到刘肃曾了解情况。当时，对新中国有关政策还缺乏一定了解的刘肃曾，以种种借口敷衍推诿，始终不肯说出虢季子白盘的真正下落，后经当时担任皖北行政公署副秘书长的一位刘家世交及潜山乡乡长吴桂长等人，向刘肃曾反复阐明新中国关于文物保护的政策后，刘肃曾又联想到数十年来刘氏后裔为了保护这件国宝所遭受的种种磨难，逐渐认识到像虢季子白盘这样的国之重宝实在不宜私人收藏，最后终于说出了密藏这件青铜重宝的真实所在。

1950年1月19日，刘肃曾带领家人来到院内一株枝繁叶茂的大槐树下，用手中工具开始在树下挖掘，直到挖掘了一丈多深才使虢季子白盘这件青铜重宝露出神秘真颜。原来，当年日军侵华战争全面爆发时，刘肃曾在举家迁往他乡之前，为了确保家传的虢季子白盘免遭日寇掠夺，便带领家人在刘家大院内挖掘了一个深达3米多的大坑，将虢季子白盘深深地埋藏其中，并从别处移来一棵小槐树栽植在上面，随后又在新移栽的小树下铺设一些杂草作为伪装，因此才躲过了日寇和国民党李品仙等人的大肆搜查。

而今，国宝重现，刘肃曾在副乡长陆春阳的陪同下，当天就把虢季子白盘护送到肥西县政府，随后应当地群众的要求，虢季子白盘在合肥古教弩台公开展出一个月，受到了广大人民群众的高度赞扬，就连时任政务院副总理郭沫若在获知消息后，也热情地拍来祝贺电报说："国宝归国，诚堪殊荣。"

展览结束后，刘肃曾与刘学植等刘氏后裔在皖北行政公署人员的陪同下，专程护送国宝虢季子白盘进京。为了表彰刘氏家族多年来为保护虢季子白盘所付出的艰辛努力，以及刘肃曾等人将国宝献给国家的无私行为，国家文化部于当年 2 月 28 日为刘肃曾颁发了褒奖状：

安徽合肥县刘肃曾先生于中华人民共和国成立后，将其家藏文物周代铜器虢季子白盘一件，铜鼓一件，献给人民政府，供学术研究及广大人民观览，化私为公，殊堪嘉尚，特此褒扬此状。

中央人民政府文化部部长　沈雁冰

副部长　徐平羽

一九五〇年二月二十八日

同年 3 月 3 日，中央人民政府政务院文化部文物局在办公地北海团城的承光殿里举行了虢季子白盘特别展览，党和国家领导人董必武、郭沫若以及文化学术界名流沈雁冰、周扬、马叙伦、郑振铎和范文澜等人共同观看展览，并亲切接见了刘肃曾和刘学植等人。国家副主席董必武当场写下"国宝归国，可庆可贺" 8 个大字予以赞扬，诗人郭沫若更是赋诗赞道：

虢盘献公家，归诸天下有。

独乐易众乐，宝传永不朽。

省却常操心，为之几折首。

卓卓刘君名，传诵如孺口。

于贺孰逾此，寿君一杯酒。

确实，虢季子白盘特别展览过后，郭沫若和沈雁冰等在北京饭店设宴款待了刘肃曾和刘学植等人，并打算在北京为刘氏后裔安排工作，而刘肃曾等刘氏后裔则表示家中人口众多还是留在家乡为好。于是，刘肃曾和刘学植等人回到家乡后，皖北行政公署为刘家送来了 5000 斤大米，安徽省人民政府也遵照中央政府有关指示，将刘肃曾全家迁居省会合肥，并为刘肃曾在省文物

刘肃曾（左二）与郭沫若（左四）等合影

厅安排了工作。

1977 年，刘肃曾老先生在合肥病逝，但是当年郭沫若为其所赋之赞扬诗，则被精心装裱成条幅悬挂在刘家厅堂之中，而虢季子白盘也先由故宫博物院转归于今日之中国国家博物馆珍藏，成为世人观赏和研究的国之重宝。

西周柉禁
——斗鸡台上　十三国宝

　　无论是陕西宝鸡的斗鸡台，还是首次出土于此的西周青铜珍器——柉禁（简称"禁"），都只在文物考古学领域里声名远扬。除此之外，不说是闻所未闻吧，至少也是鲜为人知。如此，本该在这里对这一地一物进行重点介绍，可考虑到斗鸡台一地是因出土西周柉禁这一物才开始为世人所关注，且下面章节与斗鸡台的联系更加紧密，故此这里还是集中一物——西周柉禁进行解析为宜，即便这样的文章开头实在没有新意，但是并不妨碍这则故事带给人们的反思与趣味。

　　据说，清光绪年间在因"凤凰集于岐山，飞鸣过雍"而得名的中国历史文化名城——陕西凤翔的通文巷内，居住着一家王姓老户，儿子王奎因受父辈影响希望能走上科举仕途之路，不料多次应试都名落孙山，只好探寻其他途径以求安身立命。作为秦都雍城旧地之凤翔，还与西周都邑周塬相接壤，千年风雨不但没有冲淡岁月痕迹，反而使那段历史记忆随着不断出土的文物逐渐清晰起来，而这也为像王奎这样世居凤翔没有出路的老住户指明了一条谋生之道——贩卖古物。

　　于是，王奎找到已经涉足古玩行多年的一位幼年好友，希望能跟随他开开眼界、长长见识，以便自己将来也能像他那样以此发家致富。自此，王奎彻底放弃了仕途功名的梦想，开始跟随这位幼年好友南下宝鸡、眉县，东进岐山、扶风，把新的梦想寄托在贩卖文物古玩之上。众所周知，自从文物古

青铜柉禁

　　西周时期制作，一套共13件，禁长87.6厘米，宽46厘米，高18.7厘米，禁上所置酒器最高47厘米。陕西宝鸡斗鸡台出土，美国纽约大都会博物馆藏。

玩成为一门行当特别是谋生的行当时，就因为利益驱使而使这池原本渊深的浑水变得更加浑浊，虽然有以一次捡漏而跻身富人阶层之幸运，但是更有因一次"打眼"而家破人亡之悲惨。不过，这些并没有妨碍像王奎这样抱着捡漏心态而涉足这一行当者们前赴后继，何况王奎所在的凤翔还是一个这类幸运层出不穷之福地呢。

　　遗憾的是，进入古玩行并很快掌握了基本鉴别金石古玩的常识后，王奎除了倒卖过一些普通青铜器物之外，并没有经手过什么足以使自己一夜暴富或成名的青铜重器，可他耳边又时常传来某某同行因倒卖一件青铜器便身价倍增的撩人信息，这不由让他时常处在莫名兴奋与无端郁闷交替啃噬自己神经的恍惚之中。

　　清光绪二十七年（1901）深秋的一天，王奎忽忽悠悠来到一家烧酒坊里打酒，无意间却听到了一个令他倍感兴奋的消息：宝鸡斗鸡台下马营村一农民在台地上耕田时发现了大批青铜器（另有"王奎是斗鸡台农民，是他本人发现这批青铜器"之讹）！于是，机警干练的王奎随即赶往位于凤翔县城南40余公里处的斗鸡台，并很快找到了居住在下马营村那位挖掘出青铜器的村民家中。

　　面对这批沉稳而杂乱地摆放在一座破败土窑

内的青铜器，欣喜万分的王奎很快就辨识出了鼎、爵、尊、觚、卣、彝、角、觯、斝、盉等 12 个单体器物，而对另一件犹如硕大几案般的青铜器，他因从来未曾见过而不能叫出其名称，但经仔细端详后则发现，如果把这 12 个单体器物按照印痕置放其上的话，竟然是那么的恰如其分、浑然一体，很显然它们应该是一个完整的组合体，这让王奎在心里顿时明白——天大的幸运就在眼前。

当然，王奎要想使摆在眼前的这份幸运属于自己，他还必须掏出 1000 两白银，因为无论他怎样巧舌如簧地讨价还价，那位倔强的农家老汉咬定非 1000 两白银不卖，这让财力不足的王奎感到很是棘手。而就在这时，来自西安北院门永和斋古玩铺的老板苏桂山也闻讯赶到斗鸡台，并也开始与这位农家老汉洽谈收购这批青铜器的事宜，这更使王奎感到这份幸运似乎正在远离自己。

情况紧急，王奎立即返回凤翔县城筹集资金，可他并不知道自己应该到哪里才能筹集到这 1000 两白银，这让王奎变得焦躁不安起来，他实在不愿意看到自己期待多年的这份幸运就这样转瞬即逝。突然，王奎想起了居住在自家对门的周家，因为周家不仅世代经商积累

青铜柉禁之觯与尊

　　柉禁中间放了一个青铜尊，盛酒用；尊左右各一个觯，饮酒用。

憲鼎

周代制作，吴大澂于光绪二年（1876）获自于凤翔周家，现存于南京博物院。

了巨额财产，堪称凤翔"首富"，而且周家富而优则仕，家族中有多人在朝廷为官，平日里也是热心公益、乐善好施，在陕西西府一带颇有声望，如果周家能够出手相助的话，一定能使他抓住眼前这份幸运。

想到这里，王奎大步流星走进周家大院，向周家老太爷直言相告，并许诺收购这批青铜器后所得利润可以二五平分。也许是考虑到邻里人情等诸多因素，周老太爷沉吟片刻后答应出资一半，同时提出如果收购到了这批青铜器，只要留给他其中一件青铜鼎便可。如果王奎答应这一条件，今后他再遇到资金不足问题时周家愿意继续垫付。对于周家老太爷提出的这一条件与许诺，王奎虽然不明白其中之缘故，但是这足以使他激动地当即表示答应。原来，富有收藏的周家曾藏有一西周青铜鼎，光绪二年（1876）经友人介绍将该鼎以百两白银出售给了时任陕甘学政的大收藏家吴大澂，吴大澂经过一番翔实考释之后将该鼎命名为"憲鼎"，并因此自号"憲斋"而在金石学界声名鹊起，这让周家为之懊悔不已，因此才有周家老太爷向王奎所提上述要求及许诺。

不管周家如何考虑，王奎从周家借出500两白银后，又找自己的亲友筹足了另一半经费，便火速赶回斗鸡台下马营村那户农家，抢在西安古董商苏桂山返回西安筹款之前买下了这批青铜器。

由于这批青铜器总共有13件，且归置在一起时又恰好是一个完整的组合，故此当地人便称之为"十三件"或"铜案"。

如愿以偿收购到这"十三件"后，王奎却在返回凤翔途中产生了毁信弃约的龌龊念头，随后竟背着家人在通文巷王家老宅内外挖掘多处坑穴将其埋藏起来。接着，王奎一边秘密联系凤翔以外的扶风、岐山与西安等地古玩商急售"十三件"，一边又装着可怜兮兮的模样来到周家哭诉说，自己携带1000两白银急匆匆赶到斗鸡台下马营村时，那批青铜器已经被西安古董商苏桂山抢先收购而去,而他在返回凤翔县城途经城南大沙凹一带时又遭遇土匪，土匪抢劫了他身上的所有银两才饶了他的性命。哭诉之后，王奎又信誓旦旦地表示，自己所借周家那500两白银一定会尽快奉还。

面对王奎这番颇具迷惑性的悲情表演，周家老太爷还信以为真地安慰了他一番，这让王奎心中暗暗窃喜。不料，密藏在王奎手中的那"十三件"因为他索价高达5000两白银而迟迟不能成交，因此他答应尽快奉还周家的那500两白银也就未能按时归还。

等到第二年秋天，周家见王奎仍没有归还所借银两的意思，便开始不断地上门询问催要，而最初王奎除了借故拖延之外，最后竟百般抵赖起来，这让周家老太爷很是气愤。就在这时，居住在通文巷的另一位邻居从王奎的儿子口中得知其家藏"十三件"之事，便将此事告知了周家老太爷。与此同时，周家也发现王奎家里近来人来人往不似往常，便派仆人前往秘密打探，果然从王家来客口中探知他们都是来购买"十三件"的古董商这一信息，这让周家老太爷更加气愤难平，遂即找到王奎当面质问。而王奎见自己的阴谋败露，可一时又还不上周家借款，竟气急败坏地对周家老太爷恶语相向，接着双方发生了激烈的肢体冲突，一时间引得通文巷内观者如潮。

第二天，周家一纸诉状将王奎告上县衙，而王奎面对凤翔知县的审讯，遂鼓动自己那只如簧巧舌进行百般狡辩，一时竟让知县大人也难以挟制他。

就在周家与王奎因为"十三件"对簿公堂时，时任清廷陕西藩司的端方途经凤翔，而周家因与其素有交往便将此事告知端方，希望他能够为周家做主并惩治王奎。殊不知，酷爱金石收藏鉴赏的端方此时已从西安古董商苏桂

145

凤翔周家大院遗址

周家大院位于陕西省凤翔县城通文巷，建于明末清初。原建筑面积一万多平方米，坐北朝南，有3座相连的四合院。现存建筑面积1239平方米。

山处得知了"十三件"被他人买走之事，并为不知是何人买走而一直耿耿于怀、怏怏不乐，今闻知周家与王奎对簿公堂竟然是为了当初合资收购"十三件"之纠纷，不由心中一阵大喜，当即派遣亲信刘少涵带人将王奎捉拿到案。

面对嗜好古物不惜强取豪夺的端方，王奎自知难以逃脱与狡辩，遂将两件铜鼎与那件硕大铜案献给端方以保全性命，并诡称其他10件青铜器已经售出。殊不知，当端方发现摆在铜案上那些青铜器的痕迹赫然在目时，顿时明白王奎以谎言欺诈了他，不由得勃然大怒，再次将王奎捕捉到案施以严刑，而王奎为了保全自己所藏的那10件青铜器，苦苦扛住不肯透露半点信息，最后竟在重刑拷打下一命呜呼。

王奎死后，未能得到那10件青铜器的端方并没有就此罢休，而是将王奎的妻子捉拿到庭严刑讯问，并不知情的王妻在严刑逼供下只得胡乱指认埋藏地点，端方派遣亲信带领士兵开始在通文巷王家老宅内外四处挖掘，不意却歪打正着找到了王奎秘密埋藏那10件青铜器的地点，随后端方将这10件青铜器及王奎原先购藏的所有古物一并当作赃物全部起获而去。见此情景，王奎的妻子不由得当场气绝而亡，其子不久也神秘死去。这就是世传端方所搜古物，"多系豪夺，或伤及天理"而得之佐证。

端方意外获得斗鸡台"十三件"后，"欣忭异常，谓平生所得古器，此为第一"，遂大宴金石古物界之宾朋并请鉴赏命名，因为这是"自来言彝器者所未见"。于是，端方结交的青铜器古玩商兼鉴赏家阎甘园与苏桂山等人经过查阅典籍后，不仅对原本摆放在硕大铜案上那12件单体青铜器进行逐一鉴别命名，而且还从《仪礼·士冠礼》中有"两庑有禁"与《礼记·礼器》中有"天子诸侯之尊废禁、士大夫棜禁"等记载，断定这件硕大铜案就是以往士林中只闻其名而未见其面的西周"夨禁"。按照汉人郑玄的注解，所谓"夨禁"是指西周贵族在宴饮或祭祀时用来摆放酒樽的类似方案或车厢的器物座。一般情况下，西周"夨禁"只陈设于庙堂之中，由此可见其地位非一般青铜器所可比。

不过，根据《礼记·礼器》中"天子诸侯之尊废禁、士大夫棜禁"之记载，人们还应明白"夨禁"只适用于西周士大夫阶层，对于天子与诸侯是不起什么作用的。在此，之所以在"夨禁"之前一再强调"西周"这一定语，是因为迄今为止面世的6套"夨禁"都出土于西周贵族大墓

端方展示西周夨禁

中，而西周天子设"禁"的目的，就是为了告诫臣民不要忘记商王朝是因为君臣滥饮无度才导致灭亡的这一历史教训。由于西周"柉禁"属于首次出土面世的缘故，不仅其出土地陕西宝鸡的斗鸡台开始为世人所关注，而且强取豪夺者端方也因藏有此器在收藏界也享有了非凡盛誉。

到了光绪二十八年（1902），端方因两年前迎接慈禧太后与光绪皇帝入陕有功，逐渐在仕途上平步青云，由陕西巡抚、代理湖广总督、两江总督、闽浙总督直至飞黄腾达的直隶总督等要职，而他豪夺所藏斗鸡台之"十三件"也随其职位的变动，从陕西转运至儿女亲家河南项城袁世凯的府第里寄存珍藏。其实，端方原本希望有朝一日能将这"十三件"运至京师故宅，然后再为其专门建造一处藏所以供自已朝夕鉴赏的，可不料当他于宣统三年（1911）带领所部兵马前往四川镇压"保路运动"途中，竟被手下哗变的士兵所杀。不过，寄藏在河南项城袁世凯府第中的那"十三件"，随后被端方之子继先与女婿袁克权安全运抵北京端家故宅里珍藏了起来。

到了民国十二年（1923），煊赫一时的端氏已经家道败落不堪，端方之子继先为了谋求生计不得不准备将"十三件"秘密出售，而这时驻防在河南洛阳的北洋军阀吴佩孚恰好闻知所辖新郑地区出土大批春秋彝器之消息，遂联想到当年珍藏在河南项城袁府的那著名的"十三件"，便开始下令四处追查。时在北京的端方之子继先得知这一信息后，便立即降低要价想以国币100万元尽快将"十三件"售出。

面对曾轰动金石收藏界而今出售价竟如此诱人的"十三件"，嗅觉灵敏的美国在华传教士福开森当即以35万美元将其购藏，这时已是第二年（即1924）的初春时节。接着，福开森将中华国宝"十三件"转运至美国，随后又入藏纽约中央博物馆（今大都会博物馆）珍藏至今。关于端方与"十三件"之旧事，时任北京《时报》记者的涤秋曾在报刊上撰文称：

端陶斋（端方斋号）于光绪中叶，曾摄政陕西藩台，会其地有人掘地，得铜禁一桌，上列各种器皿，皆三代俎豆陈设之物，或谓系周时古物。端闻之，谋甚急，居民知其嗜古玩，出价千余金，购以献，端得之，大悦。后迁鄂江督、直督，此物搬运至彰德，寄存项城袁氏宅中。端死，此物竟运京，前岁新郑出土古器甚多，吴子玉（吴佩孚的字）时驻洛阳，闻端有此案，拟并运至洛，电属京处转询，端子继某，闻事大恐，乃伪言已售他人，一方托人代售于美侨，计美金三十五万元，闻经受其事者所得手续费，不下四五万元。

与涤秋这则短文相佐证的，还有福开森自己撰写的《陶斋旧藏古酒器考》中的一段话："1911年秋革命军起，端方死于四川，遗产皆在北京，其后人以贫故，不能守，稍稍货其古器物以自给。近年贫益甚，遂以此12器（后又加入一件觯，总计为13件），归于我国纽约中央博物馆，此1924年春事也。端方所著《陶斋吉金录》于器之形制、尺寸记之特详，而于其名物，未有详确之记载，犹不免有遗憾。"

闻听此言，我们今天的遗憾恐怕远远不止这些吧。

福开森

福开森（1866—1945），加拿大安大略省人，教育家、慈善家、社会活动家、文物专家。

西周凤纹卣

——凤翔九天　至今未归

　　首先声明，位于陕西省宝鸡市东 15 公里处的"斗鸡台"一地之名，与盛行于唐宋年间的那种娱乐方式毫无关联，因为早在《史记》《汉书》《水经注》及《晋太康地志》等史籍中已有关于其名称来源的翔实记载。

　　传说很久很久以前，在渭北台塬上有一男一女两个孩童，其中那个小女孩因为向往不远处陈仓山上那青翠如玉的美景，竟摇身一变而成为一只漂亮的野鸡飞翔而去，可当它落在陈仓山上时却又幻化成了一块色泽如肝的"若石"。到了公元前 763 年的一天，前来陈仓山狩猎的秦文公恰巧发现了这块"若石"，因赏其色泽鲜艳、形状奇特便将其载运"归而宝祠之"，这就是今天陈宝祠的由来。后来，人们又因"其来也自东南，晖声若雷，野鸡皆鸣"，而将由"若石"变身为"陈宝"者称之为"鸡鸣神"了。

　　随着岁月的变迁，由供奉"鸡鸣神"的陈宝祠里还衍生出了"陈宝""陈宝夫人"及"野鸡争斗"等多则民间传说，使陈宝祠逐渐变成了一个有求必应的神祠，后来有心的好事者便将这几则传说嫁接为"斗鸡台"这一地名，并一直沿用至今而不衰。

　　神话传说虽不足信，但考古资料表明作为西周王室"周邑"所在地的斗鸡台，至迟在北宋年间就因不断出土大量精美的西周青铜器而为世人所关注。至于本文将要重点讲述的这件现藏于美国波士顿美术馆的西周凤纹卣，同样是出土于这块充满神秘色彩的古老土地上，只是无论关于其出土过程还是流

陈宝祠

陈宝祠依坡而建，地处宝鸡市区北坡的二级平台上，其后的崖壁因秋雨已经坍塌。此建筑是后人重建，原建筑早已消失。

失往事，都饱含着一种难以言表的激愤与酸楚。

可以肯定的是，斗鸡台之所以为近现代人所关注的原因，就是上文所说清光绪二十七年（1901）在这里惊现稀世珍宝西周柉禁之故；而不能肯定的是，当地军阀党毓琨自民国十六年（1927）开始在斗鸡台进行长达8个月挖掘古墓盗宝之疯狂罪恶也是由于这一缘故，因为当年参与盗宝行为的党部第一旅旅长贺玉堂（字春轩）曾提供过一个颇有诱惑力的说法：大约在民国十二年（1923）春天，家住斗鸡台戴家沟的一牧童在自家水塘边捡到了一件西周青铜卣，几年后被一走街串巷的古玩商贩以220块大洋收购而去，不久这个古玩商贩将其携至上海出售时竟获利达千元之多，而

凤纹卣

西周早期制作，通高 35.5 厘米，宽 23.8 厘米，1927 年陕西省宝鸡斗鸡台出土，美国波士顿美术馆藏。

这个消息被嗜好古玩的军阀党毓琨得知后，便决定实施在自己心中盘算已久的挖掘斗鸡台古墓盗取其中珍宝的罪恶行径。那么，党毓琨是何许人也，他是如何掘墓盗宝的，这件珍藏在美国波士顿美术馆的西周凤纹卣是否是经他之手流失到海外的呢？

清同治十年（1871）出生在陕西省富平县城东北30余公里处美原镇党荔村（瓜党堡）一贫苦农家的党毓琨，字宝山（宝珊），乳名根宝，一些文字记载及有关人士的回忆中还有党毓昆、党玉琨、党玉坤、党雨昆等称呼，由此可见其生平活动轨迹之复杂多变。

确实，自幼厌读诗书、不学无术的党毓琨，成年后更是不愿从事繁重劳累的农家活，整天游手好闲地与一帮地痞流氓厮混在一起，不是吃喝嫖赌就是偷鸡摸狗，还动辄与乡邻街坊们打架斗狠。后来，性情怪异暴戾且刁钻善变的党毓琨，不仅经营毒品烟膏以聚敛钱财，而且跟随东府大刀客杨生娃当上了杀人越货的强盗，成为当地人见人恨、无恶不作的一大恶霸。

民国初年（1912），党毓琨在抗击陈树藩部刘

152

世珑连的围剿中，被乱枪击中右股落下残疾（亦有与地痞流氓争勇斗狠的械斗中被打残之说）后，便在江湖上有了"党拐子""党跛子"的绰号。再后来，党毓琨弃商从戎投奔陕西凤翔靖国军首领郭坚，因其狡黠奸诈且善于拍马钻营而深得郭坚之赏识，遂在郭部逐级升任排、连、营、团长等职务。

民国十年（1921）8月，就在党毓琨于凤翔靖国军中滋生勃勃野心之时，国民革命军第一方面军总司令冯玉祥开始着力整肃陕西境内的大小军阀，凤翔靖国军郭坚因不服管束而被冯玉祥部击毙，随后郭坚的部属李寺被冯玉祥委任为这支军队的首领，而平日与李寺不睦的党毓琨只好率领部分残兵败将逃往醴泉县驻扎。不久，李寺所领凤翔靖国军奉命调往东府一带驻守，留守凤翔的各地方军开始相互攻伐，党毓琨遂于民国十五年（1926）2月乘虚而入率部杀回凤翔，夺得军权后自封为陕西靖国军暂编第一师师长，而他为了壮大声势、显示威风又号称"司令"。

就是这么一个出身草莽的小军阀，党毓琨竟然

党毓琨

党毓琨（1887—1928），陕西富平人，早期革命党人，又名党毓坤，字宝山，小名根宝。陕西靖国军将领，破坏周秦文化的千古罪人，与孙殿英、靳云鄂齐名的民国三大盗宝枭雄。1928年9月5日，被宋哲元部击毙。

153

对珍贵的文物古董极为痴迷，以至于随后做出了堪与当年孙殿英盗掘清东陵相比的掘墓盗宝之恶行。

据说，党毓琨青少年时曾在西安与北京等地古玩铺当过学徒，见识过不少珍贵的文物古玩,后来又与深谙文物鉴赏的关中奇士武观石结为异姓兄弟，并在其熏陶及点拨下很快掌握了鉴别文物古玩特别是三代青铜器的基本常识，从而更加痴迷于搜集文物古董。关于这一点,与党毓琨交谊深厚的党晴梵在《华云杂记》一书中记载说：

> 君（党毓琨）受其同乡鉴赏家武观石之熏陶，能识别铜器，真赝无不立辨。

这为党毓琨后来掘墓盗宝奠定了"专业基础"。另外，当时陕西境内的大小军阀虽然列入政府军编制,但是上级并不负责提供武器装备及物资给养，一切供给经费等都需要自行解决。对此，深知文物古董经济价值的党毓琨，认为"古董为天下之宝，以之馈赠，可以讨对方欢心；以之出售，可换回枪支弹药"，也就是说他把盗掘贩卖文物古董当作壮大自己武装实力的主要手段之一。这为党毓琨盗掘宝藏提供了外在诱因。

于是，进驻陕西西府名城——凤翔之后的党毓琨，首先将自己的师部驻扎在上文中提到的那位富有收藏的凤翔首富周家大院里，其目的就是攫取周家历年所藏的诸多文物古董。据史料记载，党毓琨进驻周家大院后不仅将周家世代所藏文物古董劫掠一空，而且还命令士兵将周家大院内外掘地三尺以寻找古物，一时间搅得凤翔城内的大户富家们风声鹤唳、人人自危。

除了劫掠搜刮凤翔等地富有文物古董收藏之大户外，党毓琨还将目光聚焦在凤翔、千阳、陇县、麟游、宝鸡等这片周、秦王朝的发源地，因为从这里难以计数的周、秦王公贵族墓葬中出土青铜器等古代文物之事例延续近千年而不绝，特别是自光绪二十七年（1901）宝鸡斗鸡台出土震惊世界的西周㫦禁等"十三件"之后，党毓琨更是把盗掘的重点选定在了这里。

其实，斗鸡台只是陕西宝鸡以东十里铺附近一片东西略长、南北稍窄的二阶台地，其范围大致是北抵蟠龙塬，南临渭河，西起刘家沟西侧的陕西省棉纺第十二厂，东达杨家沟，整个台地中心是以戴家湾村北部一条被雨水冲击而成的喇叭状流水沟为界，将斗鸡台分为沟东与沟西两个区域。对于这块面积不大的台地，党毓琨曾多次带领亲信人员前往勘查试掘，其中一次在一农户家窑背上仅挖掘不足1米深就发现了4件陶器，这更加坚定了其挖掘斗鸡台盗宝的决心与信心。

乳钉纹四耳簋

　　西周时期制作，高23.5厘米，1928年党毓琨在陕西宝鸡戴家湾（斗鸡台）盗掘，美国弗利尔美术馆藏。

　　而就在这时，党毓琨得到了一个堂皇进驻斗鸡台的由头：原来，斗鸡台有一个名叫杨万胜的乡长，因为常年操控当地大烟买卖市场且随意增设税款，逐渐引起广泛民怨以致有人暗中组织起来准备惩治他，而他经过一番琢磨后决定交好当地军阀党毓琨以为后盾。对于部下张志贤替乡长杨万胜牵线交好之举，骄横的党毓琨原本没有什么兴趣，可当他得到杨万胜关于斗鸡台中心地带戴家湾村经常出土青铜器的报告后，便开始对这个言之凿凿的信息产生了浓厚兴趣。

　　民国十六年（1927）阳春三月的一天，心情舒畅的党毓琨带领一班人马来到戴家湾村，他要亲自会一会这个扬恶乡里的乡长杨万胜，并查看此地是否如其所言随便用铁镐在农地里一刨便有文物古董出土信息之真伪。得知凤翔靖国军师长党毓琨即将来到戴家湾村的消息，乡长杨万胜3天前就喜不自胜地忙着杀鸡宰羊，准备盛情接待将成为自家靠山的这位吉星，殊不知党毓琨的到来对于戴家湾村乃至整个斗鸡台的村民们来说，简直犹如灾星降临一般开始恶果不断。

确实，自从党毓琨实地验证以戴家湾村为中心的斗鸡台地下埋藏有诸多文物珍宝后，一个庞大而疯狂的掘墓挖宝计划便在其脑海中迅速形成，并随后付之于实际行动中。为了使斗鸡台掘墓盗宝行动取得成效，党毓琨听从凤翔县城里文物奸商马骅提出应有"文物指导"的建议，派人"邀请"西安南院门和茂永古玩铺老掌柜郑鹤舫之子郑郁文加盟行动，因为这位精通文物鉴赏兼擅文物修复的郑郁文，还是人称"入地眼"的野外文物发掘之行家里手。不过，当郑郁文得知党毓琨准备"邀请"其加入斗鸡台掘墓盗宝行动的消息后，立即惶恐不安地东躲西藏起来，可他最终还是被党毓琨的外甥刘步升擒获，随后不得不充当了这次大规模掘墓盗宝行动的"文物指导"之职。

有了文物专家郑郁文的现场"指导"，党毓琨又指派所部亲信、第一旅旅长贺玉堂为掘墓盗宝行动的总指挥，任命军佐幕僚、时任凤翔宝兴成钱庄

水鼎

西周时期制作，高19厘米。1927年秋冬，由党毓琨从陕西宝鸡戴家湾村盗掘出土，后经宋哲元之手送给了冯玉祥，1955年由冯夫人李德全捐献给了国家，现藏于北京故宫博物院。

经理的范春芳具体负责，分派自己的亲信卫士班长马成龙（绰号"大牙"）、刘差官长（音，当地人称"柴官长"）及蟠龙人张福、八鱼乡长白寿才等人为大小监工，强行拉派斗鸡台附近乡村农民实施挖掘，行动指挥部就设在那位鱼肉乡里的乡长杨万胜家中。

除此之外，这个精心组织起来的掘墓盗宝班底还制订了详细的盗掘计划及奖惩措施，比如以戴家湾村那条喇叭状水沟为基准线，从沟东开始掘进时每向前 3 米、深 1.5 米就把泥土往西推移一次；比如对负责具体事务人员进行实名登记，对每座古墓出土器物的件数及名称等也进行详细记录；还比如对迟到早退或藏匿古物者实行惩戒，对积极挖掘古墓并能够主动上缴文物者给予奖励等，总之一切措施就是为了能够最大限度地掘墓盗宝。

据说，在党毓琨精心组织的此次掘墓盗宝行动伊始，就根据乡长杨万胜提供的线索在沟东一处窑洞中挖掘出了多件青铜器，经"文物指导"郑郁文当场辨识出了一鼎一觯一簋 3 件西周青铜重器，其中那件青铜鼎中还留存有一只完整小羊羔的骨架，这让党毓琨大为欣喜。同年底，这群有组织的盗墓贼还在沟东一处台地上挖掘出了一座罕见的正方形穹隆顶大墓，不仅在置于墓室正中偏北的棺椁内掘出玉璧、玉璜、玉瑗等多件玉器，而且在棺椁周围发掘出了鼎、簋、鬲、甗、尊、爵、觚、卣、彝、觯、盉、盘与禁等各类青铜器 60 多件，其中在墓室南侧发现的大小 2 件青铜禁最为引人注目。

对此，解放后任职陕西省博物馆的郑郁文先生后来回忆说："党毓琨在斗鸡台先后盗掘铜禁 3 件，均在当时依次送回凤翔城，由我来清洗登记。3 件铜禁中最大一件出于圆形大墓，陈放于墓室棺椁之南部，大致长约 4 尺，高约 1 尺，其上陈放有鼎、罍、壶等。另外两件铜禁虽形制较小，但色泽远胜过大铜禁，出土时间在 1928 年之春季，其中一件被塌坏变形，颇难修整。这两件铜禁均长约 3 尺，高约 1 尺，上面放有罍、爵、圆鼎 3 件器物，圆鼎外施夔龙化纹。上述 3 件铜禁桌案上均有凹下之套隼，用以搁放器物的足部，各器物内部均有铭文，尤以大禁之上为最。"

另外，根据当时担任出土文物记录的马午樵先生之记录来看，这座被编为 16 号坑的大墓因为共出土有 6 件青铜鼎、3 件青铜簋，故可推知这是一座

周公东征方鼎

西周早期制作,高26.8厘米。1927年秋冬,由党毓琨从陕西宝鸡戴家湾盗掘出土,现藏于美国旧金山亚洲艺术馆。

"六鼎三簋"等级之贵族大墓,其中一件青铜鼎就是后来被考证为"周公东征方鼎"之国宝重器。

随着出土文物数量的不断增多及青铜重器频频出现,党毓琨开始逐渐扩大发掘范围,而发掘人数也随之不断增加,一度达到每天参加发掘者约1000余人,密密麻麻几乎布满了戴家沟东西两侧台地的上上下下。据当地老人回忆说,当时党毓琨为了鼓励这支掘墓盗宝的队伍,曾聘请西安、岐山与眉县等地戏班到发掘现场连续唱了3个月之久,而发掘现场那些摆摊设点的商贩犹如赶集一般熙来攘往、热闹非凡,由此可见这次掘墓盗宝行动之疯狂、挖掘规模之庞大。

如此大规模的疯狂掘墓盗宝行动,在党毓琨的操纵下竟然历时8个月之久,盗掘出土的文物有数千件之多,其中青铜器就达1500余件,当然包括本文主角——这件后来流失美国波士顿美术馆的西周凤纹卣。

党毓琨把挖掘出土的文物先是放在乡长杨万胜家中,然后陆续运回师部所在地——凤翔县城内的周家大院里,接着便是对这批文物特别是青铜器进行清洗、辨识、照相与登记。至于党毓琨大肆盗掘斗鸡台给当地民众带来的灾难,有一则民谣足以让人们明了:

党拐子，土皇上，派出土匪活阎王（贺玉堂）；活阎王指挥穷人把宝挖，抬脚动手把人杀。斗鸡台挖宝八个月，真把百姓害个扎！

斗鸡台百姓遭罪受难，党毓琨则大为欢心，面对挖掘出数量如此之多的青铜古物，他一边派人四处联系古董商，一边听从师参谋长曹耀南的建议，挑选出部分青铜器结交上司及其他有实力的地方军阀以为后援。比如，党毓琨为了结交当时驻扎在河南南阳的国民联军南路总司令岳维峻，就曾挑选出青铜鼎、簋、卣、斝各一件并附信送了过去，而岳维峻收到这些青铜宝物后，立即指派自己的一名副官率领一排士兵化装成便衣经河南卢氏县与陕南商洛一带沿秦岭进至宝鸡，回赠给了党毓琨20挺手提机关枪、10挺水机关枪、山西造圆盘机关枪与各式子弹若干发，以及河南南阳当地出产的丝绸数十匹。当然，岳维峻也随这些礼物附有一封亲笔信：

宝珊师长我兄大鉴：

别来无恙？春轩、耀南、怀芝并各兄均好。前送古物鼎、簋、卣、斝并手札一纸均收悉，谢谢。

兄于戎马之中，酷爱鉴古。闻斗鸡一地多有古物出现，此皆吾兄之功矣。今弟率各部盘桓出关，实皆不得已之事。望兄万勿轻举妄动，死守凤翔以御外侮！如能为陕军保一食之地则万幸也！

弟岳西峰拜启

很显然，岳维峻收到党毓琨赠送的这些青铜宝物后，在这封信中对其表示出了政治与军事上的特别关照，而党毓琨自然明白其中的利害关系，随即又拿山在斗鸡台戴家湾挖掘出土的一部分古玉及5000块大洋，让岳维峻的副官顺原路带给了岳维峻以示感谢。不过，与南阳军阀岳维峻欣然接受党毓琨赠送的盗掘宝物所不同的，还有面对其送来青铜铠甲、戈、矛、鼎、彝等古物而严词拒绝的国民革命军第一方面军总司令冯玉祥将军（另有党毓琨没

鸟纹卣

西周时期制作,1901年从宝鸡戴家湾出土,现藏于美国纽约大都会博物馆。

有听从属下建议主动赠送青铜宝物给冯玉祥而得罪冯之说),这为党毓琨后来被冯部宋哲元剿灭埋下了隐线。这是后话,因为就在党毓琨以所掘斗鸡台青铜宝物多方结交靠山的时候,他的妻妾亲属们则为了这批宝物展开了一场生死争夺。

最先对这批青铜宝物心生觊觎的,是党毓琨三太太马彩凤的父亲马应珍,他唆使女儿马彩凤成功收买负责斗鸡台掘墓盗宝的负责人之一刘差官长,将诸多青铜珍宝中的一卣、一觚与二鼎等4件装入木箱后偷偷运回娘家龙单村密藏了起来。不料,此事不幸被郑郁文发现并告知党毓琨后,得知事实真相的党毓琨极为恼怒,立即将自己的亲信刘差官长拘押起来进行严刑拷打,并派人前往三太太娘家将那4件青铜宝物搜缴而归。

一波未平一波又起,这起风波很快被党部秦腔剧团秦贵社社长张贵民告知了当时驻扎在高陵县的其姘头、党毓琨的二太太张彩霞,而这位因为平日里喜欢穿着一双白绸布鞋而在江湖上有"小白鞋"绰号的二太太,不仅"骑马持枪,悍同其夫",而且还担任着党部卫队团团长一职,其勇武彪悍的性情连党毓琨也畏惧三分。因此,当这位二太太怒气冲冲闯进师部周家大院时，党毓琨被迫将在斗鸡台挖掘出的青铜甗、鼎、爵等，以及当初在凤翔城内景福宫道观劫掠的玉佛、明代宫灯与宋代瓷器等数百件古物交给了她，随后这些古物及大量银元与烟土被二太太强行拉回自己位于凤翔县城内的住所里（党毓琨与其分住两处）。

不久，张彩霞又借情夫张贵民病死送其归葬故里为由，将这些古物及大量银元、烟土一并运出凤翔县城，并沿途将这些宝物埋藏在高陵通远坊天主教堂、富平党荔堡、到贤镇西仁叉坊东王堡与界首北堡等地，据说她还将一些最珍贵的宝物密藏进了张贵民的墓葬里。

何尊

西周早期制作，高39厘米，口径28.6厘米。1963年发现于宝鸡贾村镇陈家后院，可能是党毓琨组织大规模盗掘文物时散落在民间之物。

面对妻妾亲属的夺宝纷争，颇为懊恼的党毓琨经与心腹干将贺玉堂秘密协商后，决定将最精美的古物珍宝埋藏起来，以免夺宝纷争再起。对此，贺玉堂在中华人民共和国建立后曾回忆说，大约是在民国十六年（1927）冬季挖掘那座大墓不久后一个大雪纷飞的深夜里，党毓琨与贺玉堂及一名最信赖的贴身卫士3人来到凤翔城内一处闲置院落的防空

洞内，沿着长约100多米的漫道进至最深处，然后在一侧洞壁上挖凿出一个暗洞，把包括那件最大青铜禁在内的11件古物埋藏于此，第二天又命令士兵将这一防空洞全部用土填实，使之不留下丝毫痕迹。

与此同时，党毓琨还通过西安消息灵通的古董商苏少山联系了上海古董商钱锦涛等人来到凤翔，至于双方是否达成关于斗鸡台出土青铜器等古物的收购协议，今日已经不得而知了。不过，据说当初党毓琨为了便于古董商鉴别古物而商定价格，曾令凤翔县城内唯一一家照相馆对其遴选出的一些青铜器精品进行拍照后，又用毛笔在照片下方书写上器物的名称，由此可知党毓琨应该出售过斗鸡台出土的一些青铜古物。

不料，就在党毓琨陷入妻妾夺宝与积极出售古物这忧喜参半的忙碌中时，他的这些行为不仅招致与其素有仇恨的岐山驻军韩清芳的密切关注，也引起了国民革命军第一方面军总司令冯玉祥将军的注意，而党毓琨则以为自己已结交了岳维峻为靠山，根本没有把岐山军阀韩清芳放在眼里。没想到，早与冯玉祥部建立联系的韩清芳，开始主动邀请岳维峻的上司冯玉祥将军出兵西府剿灭党毓琨。对此，这时在东西两线战事上接连告捷的冯玉祥将军，遂于民国十七年（1928）5月派遣宋哲元率领所属3个师及一个旅约3万人马前来围攻凤翔，接着又调遣张维玺的十三军3万多人马支援宋部。双方经过两个多月的激战后，党毓琨部逐渐处于被动挨打的劣势。8月31日，宋哲元亲临围攻凤翔战场前线进行督战，他除了要求部属加强军事进攻之外，还通过喊话的方式限令党毓琨在3日内出城投降。

面对已经难以扭转的战场局势，党毓琨只好派遣师参谋长李怀芝与第一旅参谋长王省三为代表出城谋求和谈，胜券在握的宋哲元自然不能接受什么和谈，而是态度强硬地要求党部守卫凤翔城的总指挥贺玉堂将党毓琨绑来投降，否则3日后攻陷县城时将格杀勿论。

见谋求和谈已不可能，党部代表李、王二人遂对宋哲元诡称说，党毓琨早已携带青铜宝物远赴上海，现在只有贺玉堂旅长全权负责凤翔城内诸事。闻听此言，宋哲元当即勃然大怒，厉声喝道："城中古物既已运走，还有什么资格来求和？"遂将李、王二人赶回凤翔城。

李、王二人灰溜溜回到凤翔后，将宋哲元这番咄咄逼人的话语全盘告知党毓琨，自此党毓琨明白自己只有殊死抵抗一途，遂激励部属要与宋哲元部决一死战。9月3日凌晨，宋哲元命令所部对凤翔城发起猛烈进攻，并采用坑道掘进的方法一举炸塌凤翔东南角城楼，双方随即展开了极为惨烈的巷战。而这时，见大势已去的党毓琨则悄悄与交谊深厚的凤翔奸商马骅乔装潜逃而去（亦有诸多文字采信了宋哲元随后以陕西省政府主席名义发表公开声明中击毙党毓琨之说），党部守城总指挥贺玉堂也因巧妙藏匿在一户地窖中而侥幸逃脱，党部其余人等包括那位平日里骄横跋扈的党毓琨二太太"小白鞋"以下5000余人全部被俘获。

宋哲元

宋哲元（1885—1940），中国军事家，抗战名将。早年为西北军五虎之一，冯玉祥对他十分赏识，称赞他"勇猛沉着""忠实勤勉""遇事不苟""练兵有方"。

围攻凤翔大获全胜后，宋哲元带领亲信人员迅速抢占党毓琨藏宝重地——周家大院，从中缴获了40多件鼎、簋、彝、壶、卣、尊等珍贵的青铜器物。而协助宋哲元攻破凤翔县城的张维玺见状，也带领人马抢占党毓琨另一藏宝重地——党部司令部仓库，也从中缴获了一批青铜古物及大量烟土与银元，并随即派人将这些战利品当作个人私物运往山东馆陶老家密藏。不料，张维玺的这一秘密举动早已被宋哲元获知，他随即将此事向上司冯玉祥将军进行汇报，治军一向严格的冯玉祥将军闻之大怒，立即派遣人马在通往潼关的各个交通要道加以堵截，不仅将张维玺私运之物全部收缴，而且还对张维玺进行了严厉惩处。

有此前车之鉴，宋哲元本该将所缴获的党部所有文物古董公之于众，而他竟然采取瞒天过海之术，在社会各界及舆论一致要求其公布缴获古物数量并公开举办展览的情况下，他却在9月末于凤翔城内四面亭展出了40余件青铜器。不过，宋哲元严格限定参观者必须是团长以上级别人员，也就是说得以参观这40余件古物的人数是极为有限的。随后，宋哲元以陕西省政府主席身份在接受新闻媒体采访时，这样公开表示说："攻凤翔之部队，最初为韩占元之第一军及地方部队，嗣添派张维玺的第十三军。余于8月31日前往督攻，于9月3日早6时，两地道同时爆发，奋勇队冒烟而入，不及一点钟工夫，即完全解决。党拐子由城墙逃下，已被炮弹击毙，其遗尸10人均能辨认之……另缴获党拐子古物、银元、烟土颇多，其中古物约计40余件。此40余件古物，大多数均为铜器，现存省政府，编号封存，拟以半数送中央，半数保存西安。"

很显然，宋哲元想以此蒙蔽不了解实情之世人。对此，有表示信任并十分关注这批古物者，比如国民政府大学院古物保管委员会北平分会就曾急切地向陕西省政府发出了这样一则电函：

项据报载党毓琨在凤翔境内掘出古代铜器甚多，现尚有完整者40余件，已由贵府保存并拟俟整理事竣将一部分送京陈列等语，具见维护国家文物之至意。惟查上项古物出土既属同时同地，品类或相连属考据，可资互证。虽古物之征往往足补史乘之阙，具完整者固宜保存，即残毁者，亦不宜弃置。务望贵府饬属妥为保存，勿使分散。并请将该项物品目录暨拓片、照片惠赠□□全份以备查考。是所切盼。

顺颂公绥！

殊不知，宋哲元缴获党毓琨所藏古物岂止区区40余件！亦有不信任者，比如目睹宋哲元攻破凤翔城回师西安时动用近百辆汽车运送古物、烟土与银元等战利品的西安市民们，因为如此盛况之车队所载物品让他们无法相信只有区区 40 余件青铜器。确实，宋哲元击破党毓琨后除了缴获其所藏诸多古物之外，还曾对党毓琨的二太太"小白鞋"进行了严酷刑讯，逼迫其交代了当初埋藏数百件古物珍宝的高陵通远坊天主教堂等地后，便将其以盗挖圣贤坟茔等罪名判处死刑并立即执行了，而宋哲元随后也派人在这些地方都掘出了所藏宝物，即便"小白鞋"当初埋藏在党荔堡一地之宝物被党毓琨家人抢先转移之外，宋哲元仅此所获古物也非区区 40 余件青铜器所能比。

另外，人们通过宋哲元再三叮嘱为其秘密拍摄所缴获青铜器等古物照片的西安芦真照相馆黄姓摄影师不得泄露其所见情况这一点上，也不难揣知宋哲元确实在处理这批青铜器等古物方面做了不可告人的手脚。如果说宋哲元自以为是的这些猫腻还能欺瞒世人一时的话，那么他缴获党毓琨所藏古物之实际情况是不可能蒙蔽其上司及同僚之眼目的，所以他为了蒙蔽这些人的眼睛不得不挑选其中一些精品作为礼物相赠以堵住他们的口舌，比如他向冯玉祥将军、萧振瀛、张维藩及陈毓耀等人赠送青铜宝物之举。其中，宋哲元当年赠送给冯玉祥将军的那件青铜水鼎，在新中国成立后由冯玉祥的夫人李德全捐献给了北京故宫博物院。确实，缴获如此众多且极为珍贵的青铜重宝，贪婪的宋哲元岂能将之拱手让出，侵占倒卖这批珍贵古物才是其真正目的。

关于这一点，从随后这些古物逐渐浮出水面的途径与地点，以及有关知情者后来的讲述中不难看出。比如，1986 年天津市文物管理处征集到一件迄今为止国内唯一收藏的西周夔纹青铜禁，就是从宋哲元之弟的小老婆王玉荣手中所得。据说，这件青铜禁是宋哲元当年离开陕西之前由其小老婆与亲信萧振瀛从西安运往天津后，一直密藏在宋哲元位于英租界府第之中的。抗日战争爆发后，一代枭雄宋哲元死在了四川，这件青铜禁也随即在天津宋家被日军抄没，可不久又被宋哲元的弟弟通过各种手段要了回来。

还据说，王玉荣在"文革"期间为了保存这件西周青铜禁，曾将其秘密藏在房间的夹壁墙中，才使其在天津得以完好保存长达 40 多年之久而完好无损。确实，在宋哲元离任陕西之前，他的亲信萧振瀛也准备赴任天津市市长，

夔纹铜禁

西周时期制作，长126厘米，宽46.6厘米，高23厘米。由党毓琨从陕西宝鸡戴家湾盗掘出土，曾归宋哲元所有，现藏天津博物馆。

因此由其将缴获党毓琨盗掘斗鸡台古物运往天津是合情合理之举，何况随后还有日本学者梅原末治先生在《东方学纪要》著述中的一段文字为证呢：

宝鸡出土的铜器乃是在纽约的中国古董商戴运斋姚氏（叔来）从天津买来。姚氏说，党玉琨在宝鸡盗掘的铜器，首先归于天津冯玉祥（应为宋哲元）之手。又闻，曾为波士顿希金森氏藏的告田觥（现藏在香港），也是通过在纽约的日本古董商购自天津。

关于宋哲元委托萧振瀛将斗鸡台古物运往天津后积极出售一事，著名考古学家陈梦家先生于解放前在美国讲学期间，曾对自己参观美国各博物馆、大学及古董商所藏中国商周青铜器，进行了拍照、拓铭、记录及考证其来源，其中有相当一部分都涉及党毓琨盗掘斗鸡台之宝物。另外，今天从中国科学院考古研究所编著的《美帝国主义侵略图录》一书中，关于美国纽约大都会等博物馆所藏22件青铜器之来源来看，竟然都来自党毓琨当年盗掘斗鸡台所得，至于它们是如何流失到美国的，想来与宋哲元、萧振瀛等人不会没有什么瓜葛吧？

不过，现有资料表明这件西周凤纹卣是北京琉璃厂大古董商岳彬于民国二十年（1931）九一八事变的前两天，以2万块银元倒卖给原法国驻清廷第三公使、大收藏家兼大古董商魏武达的。关于这一点，陈重远先生曾有一段生动的文字：

……正在魏武达高兴时，岳彬指着八仙桌上的西周凤纹卣介绍说："请看这种西周凤纹卣。我们老古玩行人通称这路铜器为提梁卣，考古学者、前清的翰林庄蕴宽说，卣都有提梁，可它们是有区别的。这件卣应当叫它凤纹卣，提梁上有凤头凤眼，花纹全是凤纹，就连出戟之处都是凤形凤纹，铸造得精美异常。"

魏武达边听边看，很感兴趣，说："我看这件提梁卣有些特殊，盖和提梁上有凤鸟，两旁出戟处衬托着提梁，使凤纹更加鲜明突出，是真美！"

岳彬说："这种特殊的美是有特殊的用处，据考古学界人士讲：凤纹卣是古代专门用以盛放祭祀用的香酒'秬鬯'（用郁金香和黑黍酿造而成）的青铜酒器。"

魏武达说："我也听说中国在3000多年前就酿造出美酒。'秬鬯'香酒芬芳好喝不醉人，诸神闻之都会降临。我们法国人听到这个故事惊奇和兴奋，喝不着'秬鬯'而饮香槟。"

……

西周匜作价8000元，凤纹卣2万银元。魏武达一点头，两件西周时期的青铜器归他了。其实，这位魏老爷也是古董商人，后经他的手卖给了美国某博物馆收藏至今。当时，岳彬赚了笔大钱，而魏武达却觉得是两件便宜货，因为他卖出去赚钱更多。

至于岳彬是否是从宋哲元与萧振瀛之手购买的这件西周凤纹卣，陈重远先生在文章中没有点明则使人不得而知。不过，陈重远先生说这件西周凤纹

凤鸟纹卣

西周时期制作,藏地不详。高 51 厘米,口径 19.5 厘米。

卣是法国人魏武达卖给美国某博物馆收藏至今，关于这一点则还应该在魏武达与美国这家博物馆之间增加一些环节，因为现在虽然还不能确定后来美国人赫伯特·J.迪弗尼是否从魏武达手中购得这件西周凤纹卣，但是却可以确认是由迪弗尼于1934年将其售与安娜·米歇尔·理查德基金会后，再由这家基金会转赠给美国波士顿美术馆珍藏至今的。那么，我们不禁要问由党毓琨从陕西宝鸡斗鸡台盗掘出土的这件西周青铜凤纹卣到底有何特别之处值得铺垫如此大段文字呢？

毫无疑问，一件文物的出土过程及流传经历是其社会价值、历史价值的重要组成部分，因此以上所谓铺垫性文字实则是对凤纹卣社会价值与历史价值的表述，至于其自身蕴含的文化价值与艺术价值，想来应该是现在需要重点解析的内容了。确实，凤纹卣的出现与古人宗教信仰及图腾崇拜有着密不可分的联系，据《诗经·商颂·玄鸟》中有"天命玄鸟，降而生商"这一关于商人起源之记载可知，既然商人自认为是玄鸟的后代，故而把体现祖先崇拜的鸟纹刻在青铜器上，就是商代青铜器最普遍最基本的纹饰现象了。

不过，崇尚迷信的商人最先或最重要的崇拜是上天鬼神，而体现这种崇拜的纹饰当属极端怪异的饕餮纹，因此饕餮纹是商代早中期青铜器纹饰之主流。至于凤鸟纹的出现，则要晚至商代末年，真正盛行却又属于西周早期，而由凤鸟纹衍生出的凤纹之所以贯穿整个周代，同样与周人的图腾崇拜有着内在联系。比如，《国语·周语》中就有"周之兴也，鸑鷟鸣于岐山"之记载可为佐证，因为其中的"鸑鷟"即是凤属的神鸟，而岐山是周人的发源地，两者结合很显然是合于天意的。还比如，《诗经·大雅·卷阿》中有"凤凰于飞，翙翙其羽，亦傅于天"与"凤凰鸣矣，于彼高岗。梧桐生矣，于彼朝阳"等诗句，也都是周人认为凤鸟的出现与鸣声是一种吉祥征兆的表示，而这与周人倡导礼治的社会秩序相吻合。

具体到这件西周凤纹卣，我们可以看到其突出之处除了繁复瑰丽的造型之外，就是卣体上下那以浮雕形式过渡的错落均衡、神态各异之五段凤纹了。确实，通高35.7厘米的这件西周凤纹卣，从盖缘、颈部到腹部直至圈足上都饰有精美的凤纹，这也是这件青铜卣名称之由来。另外，这种通体布满凤纹的装饰艺术手法，在器物纹样上往往表现为三层装饰模式，而这种处理手法不仅能使青铜器整体造型层次分明，而且艺术效果也显得更加繁缛而富丽，这在这件凤纹卣上体现得尤为明显。

除了纹饰变化之外，作为中国青铜艺术发展史上的鼎盛期——西周早期的青铜器，虽然还明显带有殷商风格，但是器型设计已有所演变，比如器物造型往往会将兽角等形体突出器身之外，从而增加整个器型的立体感，而这件凤纹卣身上那外伸翘起的四柱棱，很显然就为这一变化做了直观之诠释。当然，这种将兽角等形体突出器物之外的造型艺术特点，还是西周青铜器雕塑工艺的一种重大突破与创新，即便与这件凤纹卣时代相同、形制相类的青铜器迄今为止只有5件，且都出土于当年党毓琨盗掘的斗鸡台，但是它依然代表了中国青铜文化的一大特点。

由此可见，因其独特造型及绚丽纹饰而在美术研究中具有重要学术意义的这件西周凤纹卣，实在是一件中华罕见之稀世珍宝。遗憾的是，自从民国十六年（1927）从陕西宝鸡斗鸡台"凤"翔九天之后，再也未能回栖周人培植的那棵梧桐树上。

春秋浑源牺尊

——历经春秋　残梦难圆

　　这依然是一次偶然的重大文物发现——山西"浑源彝器"破土而出，可随后所引发的一系列风波则是一种必然，因为这一发现发生在战祸频仍且国家主权得不到保障的北洋时代。

　　民国十二年（1923）元宵节前夕，贵如香油的春雨接连飘洒了好几天，终于在正月十三这一天雨过天晴，阳光明媚和煦地普照在山西省浑源县这片古老土地上——春秋战国时期晋国与代国的所属地。这天傍晚时分，该县李峪村村民高凤章扛着锄头来到村东南庙坡沟一个高土坎旁，准备修整被雨水冲坏了的自家田地，突然一锄头刨下去听到"哐当"一声，于是他将锄头移向另一边，却同样发出金属撞击的声响，他不由好奇地用手扒开浮土，竟发现一堆锈迹斑斑的青铜器，特别是其中一件格外让高凤章爱不释手：这是一件农民最珍爱的耕牛造型，牛角弯弯，双眼圆睁，牛腹空空，四肢壮硕，鼻子上还戴着一个大大的铜环，最奇怪的是在牛的颈、背和臀部上方各有一个圆孔，3个孔洞彼此相通，中间圆孔恰似一口带盖的铜锅。

　　随后，高凤章与家人挑选了包括这件耕牛造型在内的约20件青铜器带回家中，又喊来同村几位村民将同坑所剩40余件全部挖掘出来为各自所有。在高凤章等人挖掘出的这批青铜器中，有鼎、敦、盘、豆、牺尊、壶、戈、匕、剑、车马具与带钩等，虽然这批后来被称为"浑源彝器"的青铜器上均无任何铭文，但是其精巧别致的铸造工艺及风格独特的造型花纹，则代表了春秋晚期晋代

牺尊

　　春秋晚期制作，高33.7厘米，长58.7厘米，重10.76公斤。陕西省浑源县李峪村出土，现收藏于上海博物馆。

两国青铜文化的最高规格与最高水准，故此一出土便受到了大批官僚士绅与中外古董商的高度关注，从而引发了一系列充满传奇色彩的风波故事。

　　地处山西省东北部的浑源县，虽然人文积淀丰厚、地理环境闭塞，但是李峪村出土青铜器的消息还是很快传播了出去。其中，披着传教士外衣的法国古董商王涅克（Leon Wannieck）闻讯后，迅速从塞北地区赶赴浑源县，希望能够收购到这批青铜器。不料，当王涅克赶到浑源县城后才得知，时任浑源县知事的谢承恩已经派人从李峪村收缴了36件青铜器陈列在县图书馆中，并将这一事件向省政府做了汇报。

　　大失所望的王涅克一边懊悔自己行动迟缓，一边向基督教驻浑源县城的瑞典神父费莱斯赫夫打探有关情况，随后立即赶到县图书馆对那36件青铜器拍摄了照片，接着又风风火火地赶往这批青铜器的出土地李峪村，他相信在这里一定会有所收获。

　　果然，在县知事谢承恩派人前往李峪村收缴这批青铜器之前，高凤章挖掘藏匿的约20件中除了

 这一段文字中包含图片

那件耕牛造型的青铜器外，已经全部转卖给了当地一于姓商人，因此王涅克来到李峪村后不仅很快得知这一情况，巧妙地从于姓商人手中以极低廉的价格买到了这批青铜器，而且还贪心不足地亲自带人到这批青铜器的出土地庙坡沟进行挖掘，并得到了一批陶片、子安贝及玉器等古物。

不久，王涅克将这批中国古物偷偷地运回法国，在巴黎赛努奇博物馆展出时引起了巨大轰动，这使王涅克对存放在浑源县图书馆中那36件同坑青铜器产生了更加急迫的觊觎之心。

古语说：苍天不负有心人。遗憾的是，苍天不负的不知是诚心之人还是贪心之鬼，因为当王涅克贪婪地想得到存放在浑源县图书馆中那36件青铜器时，苍天却向他伸出了希望之手——浑源县决定公开拍卖这批青铜器！

原来，当浑源县知事谢承恩得知王涅克从李峪村盗购了约20件同坑青铜器等古物后，再次派人进村并果真从高凤章手中收缴了那件耕牛造型的青铜器。随后，谢承恩积极响应"山西王"阎锡山提出"不负亏，先致富"的治省思想，"创造性"地想出了"以古兴浑"这一治县方针，说到底就是想卖掉这批青铜器来率先致富。于是，谢承恩召集当地名流士绅共同讨论自己倡导"以古兴浑"这一治县方针，随后成立了"浑源彝器处置董事会"，并冠冕堂皇地"订立售价处置大纲"，希望"得

石雕佛像

该佛像原来在山西某寺庙，被王涅克盗走，现藏在法国吉美博物馆。

款以提倡教育、生产与振兴农村经济之用"。

　　果然，浑源县公开拍卖"浑源彝器"的消息一经公布，不仅吸引了大批来自平津等地的古董商们，就连当时远在法国沉醉在部分"浑源彝器"为其带来巨大声誉的王涅克也得知了这一天大喜讯。随即，对"浑源彝器"最有资格产生觊觎之心的王涅克，与法国另一古董商葛扬（Grosiean）决定联手出资，希望一举击败所有竞拍对手，将浑源这批青铜器悉数收入囊中。

　　民国十三年（1924）底，王涅克与葛扬委派杨洁诚、白瑞斋为自己的代理商，携带5万元大洋赶赴浑源县城，与浑源县知事谢承恩及旅晋同乡会副会长、时任阎锡山府内教习的李书勋订立了购买意向合同协约书，终于如愿以偿地得到了这批青铜器。不料，时间仅仅过去了约一个月，围绕着这批青铜器的一场笔墨官司，便在法国驻华公使冯德与"山西王"阎锡山乃至北洋政府外交部、内务部之间激烈地展开了。

　　民国十四年（1925）1月13日，王涅克与葛扬的代理商杨洁诚第三次来到浑源县城时，才得知他们出资5万元大洋购买的这批青铜器竟然是赝品，真正的"浑源彝器"早已以5.5万元（实则4万元）大洋售给了该县乡绅田应昌，这不由使得知真相的王涅克与葛扬两人大为恼火，随即将这一事件告知法国驻华公使馆，希望公使大人冯德先生能够维护法商在华的

绳纹壶

　　春秋时期制作，尺寸不详。1923年出土于山西浑源李峪村，被王涅克盗买，现藏于法国吉美博物馆。

经济利益。

关于这一事件的来龙去脉，今天人们可以从南京中国第二历史档案馆有关北洋政府内务部与外交部档案资料中查阅到，只是由于中法双方自民国十四年至十七年（1925—1928）间关于该案往来的公函、电报、约据及抄件等卷宗多达十数种，故此笔者只能根据这些史料对该案始末进行一番概略记述了。

民国十四年（1925）3月12日，法国公使馆致函北洋政府外交部，指出山西官绅在"山西王"阎锡山的庇护下，"以真器所抵换之无价值赝品"出售给法商王涅克与葛扬，而把"浑源彝器"真品卖给了本县乡绅，希望北洋政府外交总长罗文干"严加注意，对其图谋骗诈暨破坏约据两种手段，加以惩治"，并强烈要求"非在月内解决不可"。

对于法方的这一抗议诉讼，山西省长公署直到4月11日才致函辩称说，法商王涅克与葛扬"系有意挑剔，声明不买，该县才转售他人"，并依据北洋政府制定的古物保护法反戈一击，认为"今既准法使一再询问，除派员鉴定前项古铜器是否合于保存古物办法之规定外，如与该办法无抵触时，事关国际友谊，自当设法维持"，随后又指出法商"与原当事人定约购买时，曾否将此项古铜器查看明白，有无特别标识，未据声明，显属疑问"。

确实，按照中国古玩行业中的惯例，当事人购买古董事后认为是赝品时，往往都会了无声息地自认倒霉，这也就是行话所谓的"打眼"，当事人一旦被"打眼"是没有脸面说出去，更没有理由去找卖方的后茬。不过，法商却不认可中国古玩行业中的这一惯例，他们抓住山西省长公署函件中提及的法律问题，于当月18日致函北洋政府内务部，声称"山西王"阎锡山对于他们先前指出浑源官绅的"各种违法行为""默不言及"，同时重申了浑源官绅勾结欺诈的交易行为，并辩解说"山西古物日日出省并无大碍，而古物交易又为山西进款重要来源"，最后则威胁说如果在专程从法国赶来中国处理这一纠纷的葛扬回国之前"尚未解决此案"的话，"无奈"的法国公使"只得向贵国官宪以破坏本国商人约据，要求赔偿，亦不能禁阻王涅克在欧美宣布贵官宪绅商欺诈手段，谅贵总长必不容此类事致令中国在外国商业信用蒙受损害。本

阎锡山

阎锡山（1883—1960），历任山西省都督、督军、省长、北方国民革命军总司令、国民党中央政治委员、军事委员会副委员长、太原绥靖公署主任、第二战区司令长官、山西省政府主席、国民政府行政院长等，统治山西达38年之久。

公使想必须遣派本使馆委员会同贵部所派委员就地调查，分清官宪绅商责任，以明真相"。

不过，在今天看来实在有些不可思议且有趣的是，"山西王"阎锡山不仅置北洋政府外交部、内务部催促电询于不顾，而且还一一驳斥说不能以法商单方面所述为成约，最后干脆推卸责任说这件纠纷本不属行政范畴，他"难碍主持调解……法商既愿购买，亦须另行议价"。如此看来，由于"山西王"阎锡山对北洋政府的公开蔑视，以及置法国驻华公使与法国商人抗议于不屑一顾的情况下，致使这件关于"浑源彝器"的真赝品欺诈出售案只能是不了了之了。

就在中法双方关于"浑源彝器"真赝品欺诈销售案纠缠不休之际，预付部分款项的真正买主浑源县乡绅田应昌，却没能等到按照合同约定于民国十八年（1929）付清余款之前两年即民国十六年（1927）就不幸病故了，而他的儿子田景符则随即表示不再履行这一合约。于是，"浑源彝器处置董事会"决定中止合同，并收回这批"浑源彝器"重新进行拍卖。

消息传出，一位德国古董商与北平（今北京）琉璃厂大吉山房古玩铺经理祝续斋就此展开了激烈竞争，后来"浑源彝器处置董事会"因德商出价偏低，而初步决定将包括那件耕牛造型青铜器在内的全部"浑源彝器"以9.8万元大洋售与祝续斋。不料，还没等祝续斋与"浑源彝器处置董事会"付款交接时，旅法华裔大古董商卢芹斋则以远远高出祝续斋的出价而得到了这批青铜器所有权。

据说，民国二十一年（1932）"浑源彝器处置董事会"见中国最具实力的大古董商卢芹斋参与竞拍时，曾议定非50万元大洋不出售这批"浑源彝器"，而极为谙熟中国古玩行情的卢芹斋只愿出资29万元大洋，最后双方终以卢芹斋出资底线而成交。关于卢芹斋本人及其与上海古玩巨商吴启周等人联合创设"系中国开办最早、向外国贩运珍贵文物数量最多、经营时间最长、影响最大的私人公司"——卢吴公司，专门走私倒卖中国珍贵文物到国外的累累罪恶足够写一部皇皇巨著了。

清宣统三年（1911），卢芹斋与浙江湖州同乡、上海大古玩商吴启周及北平琉璃厂大吉山房古玩铺的祝续斋、缪锡华4人合伙开设了卢吴公司，专门从事收购倒卖中国珍贵文物到海外的生意。卢芹斋坐镇法国巴黎泰布特街34号卢吴公司总部总揽全局及销售，吴启周与祝续斋、缪锡华双方分别负责在京沪两地收购古董运往法国，这种运作模式使卢吴公司迅速积累了巨额财富。然而，卢吴公司这时随着财富增多却开始出现内部分化，

卢芹斋

卢芹斋（1880—1957），20世纪初著名的国际文物贩子、大古董商，先后旅居法国、美国等，将许多中国国宝级的文物贩卖至国外。

到了民国十五年（1926）终于导致大吉山房祝续斋与缪锡华退出卢吴公司的一场裂变，致使卢吴公司一度失去中国北方进货来源而陷入困境，于是卢芹斋与另一合伙人吴启周不得不重新物色负责中国北方收购古董的代理人，几经考虑遂选定了北平琉璃厂辅聚斋古玩铺经理王栋廷与吴启周的外甥叶叔重两人担负这一重任。

这时，已经打开了北美市场的卢吴公司，在美国纽约第五大街557号开设分店专门做起了"美国庄"生意，急需大批货源满足极为红火的北美市场，因此当"浑源彝器"第二次公开拍卖消息传来，卢芹斋自然不会放过这一大发横财的好机会，何况参与竞拍并初步获得胜利的还是昔日合作伙伴之祝续斋呢？

击败今日对手祝续斋而赢得"浑源彝器"竞拍所有权的卢芹斋，无论如何也没想到当卢吴公司北方总代理王栋廷与叶叔重将竞拍所得这批青铜器从山西浑源转太原运至北平后，形势却发生了令他们意想不到的巨大变化。之所以说这个变化是卢芹斋等人所意想不到的，一是因为卢芹斋极为谙熟中国国内政治形势及古物行情；二是由于掀起国内阻止文物流失浪潮这一变化起源的并不是中国人，而是同样密切关注中国文物流失现象的日本学者。特别是日本大阪考古学家梅原末治、京都帝国大学东洋史学家内藤虎次郎及日本东方文化学院分别出版的几部著作，不仅较为详细地介绍了王涅克等人盗买"浑源彝器"等中国古物的具体经过，而且对于这批青铜器流散到美、法、德及日本等国博物馆或私人手中的情况也进行了跟踪调查，而他们对于中国文物如此严重的流失状况，都在各自著述中表示了自己的"浩叹"。很显然，日本人所发出的这一"浩叹"不能不很快传染到与其一衣带水的中国，于是中国一些有识之士闻讯后开始顿足捶胸、痛心疾首，并积极采取措施阻止文物流失现象的发生。

比如，国民政府中央古物保管委员会北平办事处于民国二十四年（1935）专门致函山西浑源士绅，强烈要求当地士绅不能再任由文物流失海外；比如，同年2月、6月、11月著名学者吴世昌在极具社会影响力的《大公报》上，先后发表了3篇措辞激烈的关于中国文物流失现象的谴责文章；比如，同年

5月上海《申报》发表文章称，中央"古物保管委员会正在注意此事之进展"；比如，民国二十五年（1936）南京古物保管所所长、山西籍考古学家卫聚贤为《金山卫访古记纲要》作序时，强烈要求政府有关部门注意不要使中华古物被古董商们囤积居奇；比如，同年6月著名考古学家、商周青铜器研究学者商承祚针对卢芹斋等古董商大肆走私盗卖中国文物到国外的现象，专门编撰出版了《浑源彝器图》一书，对此现象表达了痛彻心扉的愤恨与浩叹……

面对中国文化学术界及舆论界的强烈谴责，精于算计的卢芹斋等人不得不暂时偃旗息鼓，将"浑源彝器"秘密存放在北平大德通钱庄，静观事态变化以便伺机而动。没想到，卢芹斋等人还没等到中国文化学术界及舆论界淡忘他们准备倒卖"浑源彝器"一事时，日本全面侵华战争就在北平西南的卢沟桥爆发了，这使卢芹斋等人又不得不加强对日本人的防范，因为日本人盗窃抢夺中国文物的行动比他们古董商要有过之而无不及。就这样，卢芹斋等人于民国二十一年（1932）竞拍所得的"浑源彝器"，一直秘密存放到抗日战争胜利之后的民国三十六年（1947）。

这年初春时节，自民国三十年（1941）太平洋战争爆发后开始为卢吴公司代理中国南方业务的

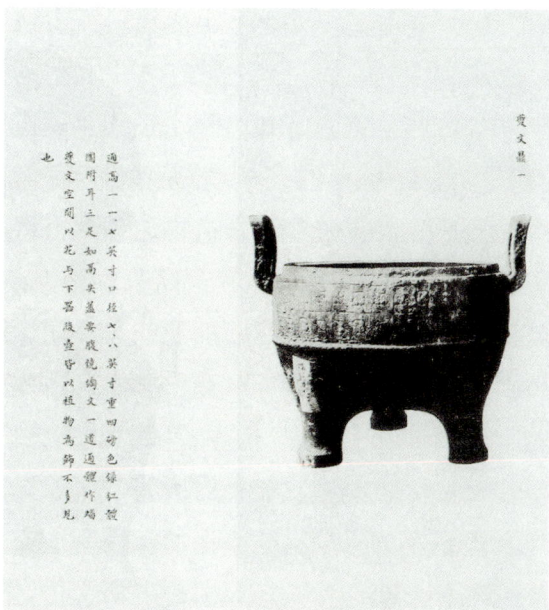

《浑源彝器图》

　　1936年出版，商承祚编撰，共收录浑源彝器图谱27件。这批青铜器工艺精巧，风格独特，但均无铭文。器物多是圆形的，壁薄，纹饰有蟠螭纹、禽兽纹、狩猎纹等。现多收藏在上海博物馆。

上海雪耕斋古玩铺经理张雪庚，便将卢吴公司存放在北平大德通钱庄的那批"浑源彝器"秘密运到了上海。民国三十七年（1948）7月26日，张雪庚遵照卢芹斋认为中国政府这时应该无暇顾及古物之意图，将这批青铜器及其他文物打包装进了17只木箱中，准备以仿古品的名义交由英国亚细亚商运公司运往上海外虹桥公和祥海关码头，然后搭载美国邮轮运到纽约卢吴公司分号。

卢芹斋等人自以为做得天衣无缝，其实早在张雪庚将"浑源彝器"运到上海之初，就被有识之士侦知后撰成文章通过《申报》披露于众，从而引起上海文化学术界的密切关注，并直接促使上海市立博物馆向上海市市长吴国桢、上海市教育局局长顾毓琇呈文要求严禁古物出口。不久，上海市文化学术界有识之士在国民党上海市参议会第三次会议上，再次强烈呼吁市政府"设法切实严禁古物出口"，使一度猖狂的文物出口走私现象受到了前所未有的关注。

按说上海严禁文物出口形势如此之严峻，张雪庚为何还敢于冒天下之大不韪决定走私这批"浑源彝器"呢？原来，依靠江浙财团头人张静江扶持起家的卢芹斋，还依靠张静江这位孙中山辛亥革命时期最强劲经济支持者的关系，与国民政府高层人物建立了密切的私人关系网，因此当社会各界广泛关注这批"浑源彝器"的去向时，

嵌赤铜鸟兽纹铜壶

春秋末期制作，高32厘米。1923年山西省浑源县李峪村出土，中国国家博物馆藏。

张雪庚根据卢芹斋的遥控指挥，以金钱开路希望打通国民政府驻美大使顾维钧及海关总署署长等高官，使这批青铜器能够顺利闯关运到美国。不料，终因对方"索贿过大而未成"，并就此使这件事成为新闻媒体更加热议的话题。

即便如此，这批"浑源彝器"依然在上海安然度过了一个多月的时间，直到民国三十七年（1948）9月才由国民政府内政部部长兼教育部部长朱家骅批示，转由上海市政府暨海关加以查扣，并准许上海市教育局所属上海市立博物馆派员前往海关开箱查验。9月28日，上海市立博物馆馆长杨宽、研究员蒋大沂会同海关负责人及货主张雪庚来到海关码头，经过3天时间的逐一开箱查验得知，17箱345件物品中只有3件仿制品，其余均属珍贵文物之列，当然包括那件耕牛造型青铜器在内的那批"浑源彝器"。

事情真相如此，这批物品随即被暂时扣留，而张雪庚等人并未就此被有关部门绳之以法，反而一方面对参与查验人员进行威逼利诱，甚至送交附有子弹的恫吓信件迫使海关人员离职，一方面运动国民政府内政部责令博物馆人员，对暂扣物品重作鉴定后以仿制品的名义准予出口。面对这种波诡云谲的社会政治形势，海关人员在社会诸多有识之士的支持下不为所动，一直坚持到民国三十八年（1949）5月上海获得解放，才由海关将这批"浑源彝器"移交给华

鸟兽龙纹壶

　　春秋晚期制作，圆体宽颈，深腹外鼓。盖及两耳已失。1923年出土浑源彝器之一，现藏于上海博物馆。

东区外贸局。

同年 9 月 19 日，上海市人民政府高教处宣布由上海市古代文物管理委员会接收这批青铜器，也就是由今天的上海市文物管理委员会负责保管。

到了 1952 年 12 月 21 日，这批"浑源彝器"又被正式移交给新成立的上海市博物馆，从此成为这座典雅殿堂里的永久成员。不过，需要说明的是这批"浑源彝器"并不是浑源县当初拍卖时的 36 件，而是只有包括那件耕牛造型青铜器在内的 11 件，想来当初似有另外买家拍得其中一些青铜器，比如德国古董商当年拍得的那件青铜鼎，致使闻名世界的"浑源彝器"大部分散落海外，这实在是一件令人感到痛心的憾事。

遗憾之余的解恨，就是走私这批"浑源彝器"的国内主犯张雪庚随后受到了人民法院的审判，主要罪行就是走私文物。1956 年 3 月 29 日，据上海市第二刑事审判庭下达的判决书可知，其中关涉到"浑源彝器"走私一事，就曾这样写道：

1948 年春天被告（张雪庚）又偷运文物 345 件企图走私至美国，但被伪海关查扣，被告虽挽人向伪驻美大使顾维钧及向伪海关总署等运动，终因索贿过大未成，解放后已为我上海海关没收。

除此之外，张雪庚在此之前作为卢吴公司驻上海的总代理，曾先后 3 次走私文物 1189 件至美国，"其中很多都是三代时期的珍贵国宝"，而他在上海已经获得解放之后依然多次走私文物至海外，其中依然不乏三代独角铜犀牛、汉金四方壶与宋龙泉刻花碗等这样的国宝级文物。与张雪庚文物走私案同时宣判的，还有卢吴公司北京代理商叶叔重，此人协助该公司走私文物数量之多、品质之精、罪孽之深重，很显然都是张雪庚所不能比拟的，比如中国国内仅有 3 件的提梁卣就被其走私两件到国外，比如商古铜罍、商鸭彝、商人面壶、秦鎏金龙头及唐韩幹《照夜白图》卷、元赵雍临摹北宋李公麟《五马图》卷、元钱选纸本《莲花图》卷等稀世国宝，都是叶叔重盗卖给美国弗利尔美术馆的，仅此即可窥见以卢芹斋为首的卢吴公司到底走私盗卖多少中国珍贵文物至国外之一斑了。因此，对张雪庚与叶叔重等对中华文化犯有罄竹难书罪恶的文物走私犯判处怎样刑罚都是罪有应得。

遗憾之余的万幸，就是这批"浑源彝器"中那件耕牛造型的绝妙孤品得以留存国内，并被鉴定为国家一级文物。那么，这到底是一件怎样非同凡响的青铜器呢？据《梁书·刘杳传》记载：

> 按古者樽彝皆刻木为鸟兽，凿顶及背，以出内酒。

也就是说，古人很早就用木材制作酒器，并将酒器制作成鸟兽形。到了商周青铜时代时，酒器虽然改用青铜为材质，但是类仿鸟兽形状则没有改变，甚至种类还有了很大的发展，比如牛、羊、猪、象、鸮等造型。北宋时，金石学因为帝王士大夫们的热衷而得到很大发展，他们在为三代青铜器定名时，便将这类青铜器称之为"尊"，并一直沿用至今，因此人们便将这类像生青铜器命名为牛尊、羊尊、象尊、虎尊，等等。比如，1967年出土于陕西岐山县贺家村的一件西周中期青铜盛酒器，其形状就是一头朴实肥壮的耕牛，牛背上凿有方孔，孔上有盖，盖与牛背以环钮相连，盖面立一虎钮，虎形小巧，造型类似耕牛，于是人们便称这件青铜酒器为"牛尊"。按说现藏于陕西省博物馆的这件牛尊与"浑源彝器"中这

嵌赤铜狩猎纹豆

春秋晚期制作，高20.7厘米。1923年出土浑源彝器之一，现藏于上海博物馆。

牛尊

西周时期制作，1967年陕西岐山县贺家村出土，通高24厘米，长38厘米。陕西省博物馆藏。体作牛形，身体浑圆，头部较大，吻部平，开一小流可倾酒。背有方盖，上立一虎。

件耕牛造型的青铜器极为相似，其用途也都是比较实用的酒器，专家们为何将"浑源彝器"中的这件命名为"牺尊"而不是"牛尊"呢？

据史料记载，古人将祭祀天地、山川、社稷、祖先时所使用的供品称为"牺牲"，而古代祭祀礼仪又分为两种规格：一曰"太牢"，即祭祀时供品必须是牛、羊、豕三牲齐备；另一曰"少牢"，即祭祀时供品中只有羊和豕，而没有牛。由此可见，牛是祭祀礼仪最高规格中必不可少的一种供品。

另外，牛作为中国文化发展史上与人类关系最早、最密切的一种动物，很早以前便以吃苦耐劳等美好品质而赢得人类的特殊喜爱，早在新石器时代就被当作财富象征而随葬主人，到了商代人们在牛胛骨上契刻卜辞，显然也是将牛胛骨当作一种圣洁材料来使用的，至于在商周青铜器上镌刻饕餮纹（也称兽面纹），实际上依然是一种抽象化了的牛头图案。

据有关专家考证说，商周时期人们在青铜器上镌刻这种牛头图案，可能是远古民族对牛图腾崇拜的一种残留形式。不过，另据《周礼》中记载说古时候人类还有一种"裸祭"仪式，即一项专门为死者进行的灌祭。在祭祀时，由于死者不能接受生者敬献的美酒，人们便将酒装在这种特制的酒器中，而这种酒器大多制作成鸟兽形，也就是《梁书·刘杳传》中所说在鸟兽背上凿孔盛酒，祭祀时再将酒从鸟兽口中吐出而灌于地。如此看来，专家将"浑源彝器"中这件耕牛造型的青铜器命名为"牺尊"，一定是因为它原是作为祭祀时使用的一种酒器了。

确实，这件牺尊在牛身上面凿有3个圆孔，虽然只有中间一孔可作盛酒器，但是牛颈与牛臀上的两孔则与牛背上的锅形圆孔相通，据专家考证说牛颈与牛臀上的两孔是作为注入热水之用，这就说明这件牺尊还是一件极为实用的温酒器呢。这无论如何也是我们先人高妙智慧的一种淋漓体现吧。另外，这件牺尊的牛鼻子上还穿有一个圆环，这表明春秋时期我们的先人已经学会了饲养牛这种动物为己所用，这对于人们研究牛耕文化是一件极为难得的实物资料。

由此可见，这件春秋青铜牺尊确实是一件难得的国宝重器，只是与它同室而居的"浑源彝器"大部分伙伴都已漂洋过海不能与它相见相聚，即便相见相聚也只能是在被盗贼击碎的一帘残梦中了。

战国铜敦

——盗贼窃宝　刑警追讨

1988年11月28日，中国新华通讯社各驻外分社与国内各大新闻机构同时刊发了这样一则通告：

美国索斯比（苏富比）公司计划明天拍卖的一件我国铜敦，是今年6月在湖北省秭归县屈原纪念馆失窃的中国文物，希望索斯比公司暂停这一珍品的拍卖……

消息一出，美国当局与索斯比拍卖公司不能不有所顾忌，因为收藏、拍卖属于他国失窃或走私文物不仅是为世人所不齿的极不道德行为，而且还将受到有关国际公约的严厉制裁。因此，就在第二天索斯比拍卖公司如期举行该场拍卖会时，中国警方接到了美国驻华使馆的通知：索斯比拍卖公司决定取消拍卖中国铜敦的计划。不过，这并不意味着这件文物就可以交还中国，索斯比拍卖公司要求中国方面提供能够证明这件铜敦所有权属于中国的详细材料后，才能与这件拍品委托人协商后决定是否归还这件文物。

那么，人们不禁要问这件器身呈半球状的古名"西瓜敦"战国铜敦是如何被盗窃并流失美国的，它最终又能否回归中国呢？

位于湖北省秭归县城东3华里处的屈原纪念馆，是屈原故里——秭归人民为了纪念这位伟大的爱国主义诗人，于1979年在屈原祠基础上改建而成的。

不过，始建于唐元和十五年（820）的屈原祠原本并不在此，而是1975年因兴建葛洲坝水利枢纽工程，才从长江边上的原址处迁移至此。

历经 4 年改建而成的屈原纪念馆，是一座风格典雅、绿瓦白墙的两层建筑，馆内设有上下两个展厅：一楼为"屈原生平事迹展览"，内容有屈原塑像、生平介绍、重点诗歌摘录、集注、研究文献等馆藏物品，以及战国时期的青铜器、古琴等各种文物的仿制品，生动地再现了屈原生活时代的楚民风情；二楼是"秭归出土文物展览"，重要文物有春秋玉璜、越王州勾剑、青铜鼎、编钟及这件差点被索斯比拍卖公司拍卖的战国铜敦等 800 余件。

作为中国历史上第一位伟大的爱国主义诗人、中国浪漫主义文学奠基人屈原的纪念馆，自1980年 2 月开馆以来每年都要接待大批海内外游客前来参观纪念，人们在被屈原那"路漫漫其修远兮，吾将上下而求索"的精神所激励的同时，也有个别文物大盗对其中所藏珍贵文物产生了非分之念，并于 8 年后终于引发了一场国际刑警组织介入追索被盗文物流失海外的紧急战斗。

1988 年 6 月 5 日清晨，湖北省秭归县公安局接到屈原纪念馆工作人员的报案，声称该馆二楼文物展厅遭到了盗窃。文物失窃，事关重大，秭归县公安局一边紧急向上级机关报告，一边派遣

战国铜敦

战国时期制作，具体名字叫"嵌地几何云纹铜敦"，高 22.8 厘米，口径 17.5 厘米。1974 年秭归斑鸠窝出土，原藏于屈原纪念馆。

人员赶往案发现场。当秭归县公安局侦查人员赶到案发地并迅速封锁现场不久，宜昌地区公安处在接到时任湖北省委常委、政法委书记兼省公安厅厅长田期玉的命令后，也紧急组织了一支精干警力往秭归方向疾驰而来，不久两组警力便会合一处对案发现场展开了细致勘查。经过一番勘查后，干警们发现盗贼是利用纪念馆内一只木梯作为攀登工具，从二楼北边一个窗口蹿入文物陈列室，然后对3号和4号陈列柜进行了盗窃。

让侦查人员感到震惊的是，盗贼竟然还利用刚刚盗窃的一把青铜宝剑为作案工具，对另外一只陈列柜实施撬压盗窃，致使这把春秋时期的青铜宝剑被折断，遗落在现场有一截长约2厘米左右的剑尖！侦查人员提取这截青铜宝剑剑尖以及两枚作案嫌疑人的鞋印等证据后，又找来纪念馆工作人员对被盗文物进行清查，最后发现竟有9件国家一级文物被盗，它们分别是花饰铜敦1只、纯铜敦1只、青铜剑1把、编钟3个、青铜壶3只，其中最珍贵的当属春秋编钟与战国铜敦这两件堪称稀世珍宝。

面对如此惊天盗案，宜昌地区公安处随即成立了"6·4文物被盗侦破专案组"，开始严密部署力求

屈原纪念馆的馆内陈列

屈原纪念馆位于湖北省秭归县城东，馆藏各种版本的《楚辞》和研究《楚辞》、屈原的书籍500余套，历代名家字画300余件，出土文物800余件。

尽快破案，以免被盗国宝文物流失海外。然而，10天过去了，专案组却没有获得丝毫有价值的线索，这不由使整个案情陷入了僵局。

就在这时，专案组刑警谭华清与严玲两人在对秭归县水运公司进行调查时，获得了一个重要情况：该公司编号为"秭副字63号"机船的老板许鸿九在6月5日黎明时分接了一单奇怪的活，两名雇主当即出价500元声称到附近葛洲坝运输一趟约10多吨的万能胶，而且答应运输所耗柴油也由他们提供，可是两人到达葛洲坝后竟一去不返，并没有运输什么万能胶。另外，这一胖一瘦两名雇主随身携带一只沉甸甸的旅行袋，上船时磕碰到船上发出了金属撞击的声响，随后那个胖子上船后就一直头枕那只旅行袋呼呼大睡，两人像是一夜没有睡觉似的。

得知这一情况后，两名侦查员跟随船老板许鸿九来到那只机船上进行勘查，果然在船上提取到与屈原纪念馆所留嫌疑人足迹完全吻合的鞋印，这使专案组成员大为兴奋。不过，即便这两名奇怪雇主形迹可疑且有重大作案嫌疑，可是他们又逃往哪里去了，那只旅行袋里装的是否就是屈原纪念馆被盗珍宝呢？

侦查人员经过认真思考

菱形勾连云纹铜敦

战国时期制作，尺寸不详。此铜敦和屈原纪念馆所藏战国铜敦形式相近，制作同样精美，都是国宝级文物。

后认为，既然这两名嫌疑人是雇用许鸿九机船前往葛洲坝，那么他们很可能在这只船上留下更多的痕迹。于是，侦查人员再次来到"秭副字63号"机船上进行更加细致的勘查，并在舱内木板搭设的睡床下发现了一支老号大象牌手电筒，而船老板许鸿九则肯定地说这支手电筒就是那两名奇怪雇主遗留下的，随即侦查员打开手电筒，只见花花绿绿的电池包皮上印有"万光"两字。

随后，侦查人员经过一番查阅，得知"万光"牌电池是四川万县早年所产的一种电池，多用于四川万县一带，湖北宜昌地区几乎没有销售过这种电池。由此可知，这两名奇怪雇主不是来自四川万县，就是曾在万县一带实施过犯罪活动，因为从两人盗窃屈原纪念馆的手法来看，应该属于有类似犯罪前科或属于惯盗之贼。

基于这些方面的综合考虑，湖北省公安厅负责文物案件侦破的科长方明，想起了3个月前接到四川省云阳县公安局刑警队队长吴大川打来的一个电话，电话内容是云阳县风景旅游点张飞庙发生了一起文物被盗案，嫌疑人中有人操湖北荆州方面的口音，因此他们请求湖北省公安厅协助侦查此案。这不由使方明科长联想到，云阳县张飞庙距离万县不过几十公里路程而已，而盗窃秭归屈原纪念馆的两名嫌疑人所使用的手电筒电池就产自四川万县，且当时云阳县警方在通报案情时还提及被盗文物中也有一件编钟，这些难道仅仅是一种巧合吗？

向来心思缜密且不愿意放过任何疑点的专案组领导，立即派遣秭归县公安局副局长李必红率领3名干警前往云阳县张飞庙进行调查，随即惊奇地发现此案竟与屈原纪念馆被盗案极为相似，唯一不同的只是作案人数略有差别而已。既然如此，湖北专案组与四川警方决定并案侦查，并由于两地作案嫌疑人均操湖北荆州一带口音，遂将侦查方向重点放在了湖北荆州与沙县等地。然而，面对茫茫3万平方公里的荆沙大地，侦查员们要想找到那两个一胖一瘦的犯罪嫌疑人，实在像是在大海里捞针一般，难以捕捉两名嫌疑人的点滴踪影。

一转眼，1988年的酷暑冷秋两季已尽，而就在这年寒冬即将来临的时候，湖北省公安厅却接到了来自国家公安部的紧急电示：

本部获悉，秭归屈原纪念馆被盗之古铜敦，将于本月29日在美国纽约索斯比拍卖行公开拍卖。本部已电函国际刑警组织中国中心局，请其通过美方干预铜敦拍卖，望你厅加强领导，组织专班力量，迅速侦破此案。

原来，当美国索斯比拍卖公司宣布将于1988年11月29日举行中国出土文物专场拍卖会时，一位美籍华裔文物专家得知其中有一件拍品是来自中国湖北秭归屈原纪念馆的战国铜敦后，随即将这一消息向中国国家文物局予以透露，而中国国家文物局随后也从新加坡一华侨机构对这一消息获得证实，但是中国国家文物局并没有贸然采取行动，而是向湖北秭归文物管理机构索要关于这件铜敦的详细资料并进行细致鉴别确认后，才向国家公安部等有关部门进行通报。11月26日，国家公安部向国际刑警组织中国中心局通报了这一情况，随后该中心局要求美国警方设法阻止索斯比的这场拍卖行动，这才有了国家公安部就此要求湖北省公安厅尽快破案的紧急电示。

对于国家公安部的这一催促破案令，湖北省公安厅当即召开关于追索战国铜敦的紧急会议，指派副厅长艾汉金亲自挂帅负责侦破此案。鉴于前一阶段把侦查重点放在荆州与沙县一

錞于

战国时期制作，1986年3月28日秭归县杨林桥镇出土，屈原纪念馆藏。是目前我国发现的最大錞于，国家一级文物。

带而毫无进展的情况，副厅长艾汉金在召开案情分析会时听取了公安厅四处副处长范维钧的建议，将侦查方向转移到了彻查湖北省监利县水港工作人员宁学昌工作证一事上，因为当年3月份盗窃四川云阳县张飞庙的嫌疑人曾使用这一证件在当地人民旅社住宿过，而监利县水港工作人员宁学昌早已退休在家，他的工作证是在监利车站被扒手盗窃而去的。

另外，四川云阳县张飞庙被盗案发生在先，湖北秭归县屈原纪念馆被盗在后，且两个案发地相距较近、作案手段相似，完全可以假设这两个案件是同一伙盗贼所为，因此范维钧提出的这一建议应该属于可行的侦查新思路。

于是，专案组随即将侦查方向指向监利县城，而监利县公安局局长刘显文不仅迅速组织精兵强将对近期抓获的流窜人员进行逐一筛选，而且将看守所等收容机构在押的300多名犯罪嫌疑人指纹一一作以查核，在将这些人全部排除之后便将工作重点放在了县城中心——容城地片，因为这是一个人员结构复杂且流动性强的区域，易于犯罪嫌疑人隐匿躲藏。

果然，功夫不负有心人，这天深夜当局长刘显文用电话问询负责爱民路一带的警长汪新汉时，汪新汉回答说他正有一个紧急情况准备向刘局长汇报。原来，汪新汉在群众中走访时了解到，6月10日左右家住容城某街道的劳改释放人员杨海林，曾与行踪诡秘的一彪形大汉商量过什么"机密大事"，而那人当时手里就提着一只蛇皮口袋，知情人推测说里头可能装有文物。随即，局长刘文显与警长汪新汉先后两次找到杨海林了解情况，原本心存疑虑的杨海林经过激烈的思想斗争与亲友劝解后，终于提供了一个重要线索：那个彪形大汉名叫陈新茂，是杨海林在江北窑场劳教时结识的狱友，那天陈新茂找到杨海林是想拉他到广州搞"古董买卖"，杨海林因为自己不懂古董遂没有参与其中，而陈新茂等人则随后去了广州。

至此，看似浮出水面的线索一下子中断了，但是专案组还是派遣人员奔赴广州，希望在大海中能够捞出陈新茂这根小针。另外，专案组另一组侦查人员遵照艾汉金副厅长的指示，对"监牢字02601"号及监利县公安局内的两份有关档案材料进行彻查，从中终于发现了一个极为可疑的情况。那就是一个名叫李建新的劳教释放人员，在没有任何正当工作的情况下竟然为家里

添置了彩电、冰箱等高
档家用电器，这种一夜
暴富现象引起了侦查人
员的重视。

与此同时，专案组
指纹鉴定专家王为民经
过辛勤细致的工作，竟
然在成千上万份犯罪档
案中发现了犯罪嫌疑人
右手留下的3枚指纹。
于是，专案组迅速将这3枚指纹与李建新的指纹
加以对比，发现两者基本一致，遂可以初步断定
李建新就是参与盗窃秭归屈原纪念馆的犯罪嫌疑
人之一。随后，专案组设计巧妙而秘密地抓捕了
李建新，并通过对其展开多轮凌厉审讯与心理诱
导，终于使其交代了伙同文物大盗栗金飞于6月4
日深夜盗窃秭归屈原纪念馆9件国宝的犯罪事实。

1988年5月30日，信奉"要想富，盗古墓"
俗语的栗金飞，却并不看重深埋地下的千年古墓，
而是对各地馆藏文物垂涎欲滴，这天他来到位于
秭归县容城爱民路的好友李建新家，就是与其商
量如何通过盗窃文物来"发家致富"的。对于栗
金飞的提议，家境困窘的李建新深表赞同，随即
两人把盗窃的目标指向了与监利相邻的秭归与四
川奉节。5月31日，两名盗贼乘船来到秭归县城，
对屈原纪念馆的建筑结构、进出路线与文物陈列
方位，以及馆内治安保卫状况等都进行了精心踩
点。不过，欲壑深远的两名盗贼并没有当即实施

云阳张飞庙

张飞庙又名张桓侯庙，位于
重庆市云阳县盘石镇龙宝村狮子
岩下，为纪念三国时期蜀汉名将
张飞而修建。

盗窃，而是又前往四川奉节进行"勘查"，见奉节白帝城等机构安全保卫措施较为严密，遂将盗窃目标确定在了秭归县屈原纪念馆。

6月4日，两名盗贼又乘船返回秭归，并准备了一只大型蛇皮袋，内装管钳、手电、螺丝刀、玻璃刀、匕首等作案工具，于半夜时分来到屈原纪念馆附近潜伏下来，直到夜深人静时才用管钳撬开纪念馆门锁。于是，两名盗贼分工协作，由李建新蹿上二楼陈列室盗窃文物，栗金飞则守候在门外望风。不料，盗贼李建新却无论如何也打不开陈列室的门锁，这时盗贼栗金飞想起了日前踩点时发现纪念馆院内西南墙角有一只木梯，于是他搬来木梯使李建新轻而易举翻过一道矮墙后，又"借梯上楼"用玻璃刀麻利地割开二楼陈列室的一扇窗户玻璃，从而顺利地进入二楼陈列室将9件国宝文物裹挟而去。由于盗窃文物过于沉重，两名盗贼在沿江逃窜一段距离后，将一只铜鼎与一只铜壶埋藏在一块秃形大石头下的缝隙中，以此迷惑天亮后发现文物失窃的纪念馆工作人员与侦查员的视线，然后窜到江边雇用秭归县水运公司许鸿九的机船逃之夭夭……

面对李建新的供述，专案组成员很是懊悔，因为近在咫尺的文物大盗栗金飞竟然在先前的排查中被忽视了。原来，就在李建新供述其伙同栗金飞盗窃秭归县屈原纪念馆过程时，又一次犯案的栗金飞在不久前被公安机关抓获，虽然当时在排查时侦查员对其产生过怀疑，因为其口音及体貌特征等都与当初秭归县水运公司机船老板许鸿九提供那两名嫌疑人之一极为相近，可是由于其留在船上的指纹比较杂乱模糊，从而使其得以暂时漏网。如今，同伙李建新既然已经将栗金飞供出，懊悔的侦查员立即将两人照片拿给机船老板许鸿九指认，当确认无疑后便对文物大盗栗金飞展开了审讯，并希望就此找出侦破四川云阳县张飞庙等地一系列文物盗窃案的有关线索。

然而，极其狡猾的栗金飞这时不仅不知晓同伙李建新已经供述两人盗窃屈原纪念馆的犯罪事实，而且还上蹿下跳地对公安机关有关人员实施行贿，见行贿没有打动公安机关有关人员，遂又假装绝食并唆使其家人四处活动，希望以此逃脱公安机关的打击。

面对这么一个极其难缠的犯罪嫌疑人，专案组审讯人员也采取了一些行之有效的审讯方法，那就是再审已经被打开缺口的栗金飞同伙李建新，从而挖出其与栗金飞更多的犯罪事实，为下一步审讯栗金飞时积累证据。果然，面对公安机关强大的威慑力与屡试不爽的思想感化，李建新随后交代了其与栗金飞在盗窃屈原纪念馆之后，曾前往西安准备盗窃陕西省博物馆不成，转而盗窃河南新郑博物馆馆藏铜方壶等犯罪事实。在对河南新郑博物馆实施盗窃过程中，两人还找来了栗金飞的表哥杨同心作为帮手，盗窃成功后又将赃物转移藏匿到山东菏泽郑桥村的楚金升家中，然后才潜回监利县探听风声并伺机寻找买主。后来，文物大盗栗金飞见监利县公安机关并没有侦破屈原纪念馆一案，遂让李建新前往山东菏泽取回那只西周铜方壶，由负责盗卖文物的栗金飞以 4 万元①卖了出去。

面对这一案中案的出现，专案组审讯人员很是兴奋，随即对栗金飞与李建新两名盗窃犯的家中进行了搜查，不曾想仅从栗金飞一人家中就起获其盗卖文物所得赃款达数十万元之多，由此可见文物大盗栗金飞果然是负案累累。有了如此充足的证据，专案组开始对江湖老手栗金飞进行突审，接连 3 次不间断的突击审讯，使栗金飞不仅交代了盗窃秭归屈原纪念馆的犯罪事实，还供述了伙同其弟弟栗木平与表弟李又平 3 人冒用宁学昌、宁学武等人之名，盗窃四川云阳县张飞庙的犯罪经过。

至此，屈原纪念馆国宝文物被盗案件基本水落石出，湖北警方迅速将案件进展情况向国家公安部进行汇报，为阻止美国索斯比拍卖公司拍卖战国铜敦起到了关键性作用。仅此还不足以满足人们探寻整个案件的来龙去脉，因为三江大地上的两个蟊贼是如何与国际知名拍卖行索斯比取得联系的，战国铜敦又是如何偷运出境的呢？

确实，文物大盗栗金飞原本是一个家境窘迫之人，为了发家致富竟而干起了盗窃国家馆藏文物的罪恶勾当。1988 年 3 月，栗金飞与弟弟栗木平、表弟李又平盗窃四川云阳县张飞庙铜编钟等 4 件文物回到湖北监利县后，通过中间人同乡王元清将赃物以 1.2 万元的价格卖给了武汉文物贩子刘学丰，从此开始流窜湖北、四川、陕西、河南等地疯狂盗窃国家文物，并逐渐建立起了一条由广州至香港的文物倒卖走私通道。

蟠龙纹铜方壶

春秋时期制作，高65.5厘米。
新郑郑韩故城出土，新郑博物馆
藏，国家一级文物。

关于盗窃湖北秭归县屈原纪念馆战国铜敦等珍宝的下落，栗金飞同样是通过王元清与刘学丰两人牵线，将其盗卖给了广州一个外号叫"一撮毛"的陈金明，而这个陈金明又通过狱友——广东省兴宁县后移居香港的金某，再由金某从香港将这件国宝文物走私到美国，从而出现在了索斯比拍卖公司的拍卖品图录上。

既然本文主要讲述湖北秭归县屈原纪念馆战国铜敦等珍宝被盗案件，且主要案犯均已落入法网，那么至于专案组随后在监利县及奔赴武汉、广州、上海等地抓捕杨同心、李又平、王元清、刘学丰、李忠明、陈金明、栗木平等诸多犯罪嫌疑人的经过就此省略，因为与此同时中国国家公安部、国家文物局与国际刑警组织中国中心局及美国驻华使馆等机构正在进行着频繁的联系与交涉，并将关于战国铜敦案的翔实资料与犯罪嫌疑人的口供笔录，以及所有关于这件国宝文物的专家鉴定、说明等文件，通过中国驻美纽约总领事馆稳妥地递交给美国索斯比拍卖公司，终于促使该公司决定将战国铜敦送交中国。

1989年5月25日，美国纽约索斯比拍卖公司及该拍品委托人在不露面的情况下，与中国驻美国纽约总领事馆签署了归还战国铜敦的备忘录。4

天后，就在全国人民纪念屈原的端午节即将来临之
际，湖北省秭归县数十万民众终于将流失海外的战
国铜敦迎回了它的故乡——秭归屈原纪念馆！

屈原纪念馆

　　屈原纪念馆于1979年建成，
在屈原祠内，位于湖北省秭归县
城东。

　　注：

　　①　事实是：西周铜方壶由粟金飞通过中间人
王元清介绍，以50万港币外加3万元人民币价格
卖给了广州的李忠明。

元鎏金铜佛
——火速追踪 郎卡宁布

　　1995年5月5日，在西藏拉萨贡嘎机场那碧绿平坦的草坪上，人们正手捧洁白哈达恭迎一尊当年由元世祖忽必烈敕赠的鎏金铜佛——郎卡宁布的归来。殊不知，这尊鎏金铜佛在5个月前差点流出国门出现在英国克里斯蒂拍卖行里。

　　那么，这尊名为"郎卡宁布"的鎏金铜佛到底经历了什么，最终又是如何回到已经供奉它数百年之久的拉萨色拉寺的呢？

　　佛教是世界三大宗教之一，最初流行于中印度恒河流域一带。孔雀王朝时期，佛教传遍了南亚次大陆的很多地区，同时佛教又派传教法师到周围的一些国家进行传教活动，他们东到缅甸，南至斯里兰卡，西行叙利亚和埃及等地，使佛教逐渐成为一种世界性的宗教。

　　佛教在发展和传播的过程中，逐渐形成了南传佛教和北传佛教两大流派。其中，南传佛教主要流传在亚洲的南部，包括斯里兰卡、缅甸、泰国、柬埔寨、老挝和中国南部云南省的傣族地区，这一流派的佛教属于上座部，又称"小乘佛教"。而北传佛教，则主要流行在亚洲的北部地区，包括中国、朝鲜、日本、蒙古和越南等地，这一流派的佛教又称"大乘佛教"。

　　7至8世纪，佛教由印度和中国汉族地区传入了中国的西藏，并在10世纪中叶前后逐渐形成了具有藏族地区特色的藏语系佛教，后来还辗转传播到了四川、青海、蒙古和俄罗斯布里亚特蒙古族居住的地区。从此，北传佛教

色拉寺

色拉寺全称"色拉大乘寺"，
藏传佛教格鲁派六大主寺之一。
与哲蚌寺、甘丹寺合称"拉萨三
大寺"，是三大寺中建成最晚的
一座。

便分成了汉语系佛教和藏语系佛教两个支流派别。
藏语系佛教，又被称为西藏佛教，是中国佛教的
重要组成部分，也是佛教在西藏地区的地方形式。
在对其称谓上，有的称作"喇嘛教"或"西藏佛教"，
更多的则称为"藏传佛教"，而藏族人自己却称
为"桑结却鲁"（佛教的藏语）。

喇嘛，是藏语读音，意思是"上师"或"上人"，
这是对宗教寺庙首领和得道高僧的尊称。而对于
一般的出家人，藏族人则称之为"扎巴"，不过
如今人们对"扎巴"也都统称为"喇嘛"了。

对于西藏佛教的历史，史书中一般都比较认
可是当年文成公主进藏时传入的。不过，在长期
的传承中，佛教在西藏地区的发展中形成了自己
的特点，并传播到了相当广泛的地区，据说不仅
遍及中国的西藏、甘肃、青海、四川、云南、新
疆和内蒙古等省区，而且还传播到了印度、不丹、

尼泊尔、锡金、蒙古人民共和国和俄罗斯等国家和地区，特别是近数十年来藏传佛教又在西方一些国家得到了广泛的传播和发展。其中，由宗喀巴创立的格鲁派更是自12世纪获得蓬勃发展，且因受到元朝统治者的大力支持而在西藏等地占据统治地位，比如元世祖忽必烈亲自敕赠给红教领袖八巴思的这尊鎏金铜佛——郎卡宁布。

确实，郎卡宁布是元世祖忽必烈为了表示对西藏吐蕃民族宗教信仰的尊重，而特别派匠师在京师铸造好后敕赠给西藏红教领袖八巴思的。元至元二十五年（1288）仲秋时节，元世祖忽必烈派遣使臣不远万里护送郎卡宁布前往拉萨，受到西藏僧俗民众的盛情迎接，然后供奉在布达拉宫为广大民众所朝拜。到了明永乐十七年（1419），藏传佛教格鲁派创始人宗喀巴委派其八大弟子之一释迦也失，开始在拉萨以北3000米处的色拉乌孜山麓兴建色拉寺，直到宣德九年（1434），历时15年才将这座寺庙建成，然后又将深受僧俗重视的郎卡宁布移奉于此。

随着时间的流逝，色拉寺逐渐成为藏传佛教格

鎏金宗喀巴像

宗喀巴（1357—1419）是藏传佛教格鲁派（黄教）的创立者、佛教理论家，在中国西藏、青海、内蒙古、甘肃、北京等地区的喇嘛寺院里，都有宗喀巴塑像，有的是泥塑涂金，有的是以铜铸成。

鲁派六大主寺之一，与先前建成的哲蚌寺、甘丹寺并称为拉萨三大寺。全称"色拉大乘寺"的色拉寺，传说因当年兴建时山上长满了野玫瑰，而野玫瑰在藏语里面就是"色拉"的意思，故有此名。

数百年来，郎卡宁布与色拉寺内陆续供奉的上万尊佛像一样，成为西藏僧俗民众信仰与情感的寄托，尤其是这尊铸造于元世祖忽必烈时期的鎏金铜佛，更是因其年代久远、造型壮观而备受人们瞩目。不过，郎卡宁布在受到藏族僧俗民众供奉的同时，也有一些不法之徒对其产生了觊觎之心，比如年仅 18 岁时就离开故乡的藏族姑娘央金，不仅早就对郎卡宁布产生非分之念，而且还将这一非分之念付诸行动，差点将其盗卖走私到国外，成为一件价值不菲的拍卖品。

原来，出生在西藏瓦腊纳西的央金，最初独自闯荡印度新德里时开设了一家珠宝店，后来凭借非凡的社交能力结识了北美一位珠宝大亨，摇身一变而成为北美珠宝行业里的亚当斯夫人。再后来，定居美国纽约的央金，不仅没有像她的名字那样成为一位仙女①，反而以海外藏胞的身份多次回到中国，并逐渐在西藏德格与四川成都及广东广州之间，建立起了一条专门盗卖走私中国西藏文物的秘密通道，成为被世人所不齿的盗窃走私犯。

1994 年底，央金随同一个海外旅游团再次来到位于金沙江畔的德格印经院，不过她并不是来朝拜或旅游观光的，而是唆使多年前就为其盗窃过西藏文物的马仔登巴，设法盗取包括供奉在拉萨色拉寺内那尊著名的郎卡宁布鎏金铜佛的。与登巴接头并交代好盗取西藏有关文物等事宜之后，央金又飞往四川成都与另一位代理人——43 号取得联系，这位以成都一处街道门牌号为代码的代理人，是央金多年来苦心经营的一个盗卖走私文物的秘密联络点，且非是盗卖走私重要文物绝不会轻易接头的联络点，很显然她专程飞到成都与 43 号联系，就表明将走私一件极为珍贵的或者是一批重要文物。

一切安排妥当之后，踌躇满志的央金便住进成都市区的蜀宫宾馆，她要在这里静候佳音了。果然，住进蜀宫宾馆不久的央金，就迎来了两位经 43 号介绍而找上门的陌生人，陌生人递给央金一张照片，使原本在心里埋怨 43 号泄露自己行踪的她顿时眼睛发亮起来，因为照片上正是她此次西藏之行志在必得的国宝——郎卡宁布鎏金铜佛！

于是，不再责怪43号行事鲁莽的央金，急匆匆地于第二天就以重金收购了这尊郎卡宁布，然后将其托付给成都专门为其负责走私文物的祝桥山与武利二人，自己则火速返回美国开始与世界各大古董商及拍卖行联系，期望能使郎卡宁布卖上一个满意的价钱。由此可见，央金之所以在郎卡宁布还没有走私出境的情况下，就极为自信地开始广泛联系买主，足以说明她不仅有过多次成功盗卖走私中国文物的经历，而且这一次也同样相信她能够将郎卡宁布走私出境。

殊不知，当央金在美国肆无忌惮地"推销"郎卡宁布时，中国西藏拉萨色拉寺早已是惊天动地了。

这天早晨，色拉寺诵经堂里像往常一样灯火

色拉寺佛像

色拉寺内供奉有成千上万尊佛像，铸造时间跨越了元明清直到现在，其中郎卡宁布造像是最珍贵的佛造像之一。

通明，身披袈裟的喇嘛们正整齐而列，跟随着主持晨祷的扎西经师诵念六字真言，突然一名喇嘛手指佛龛惊诧地半晌不语，众喇嘛顺着这名喇嘛的手指方向望去，也都顿时发出了一片惊呼声：原来供奉在佛龛里多年的鎏金铜佛郎卡宁布踪迹不见！

随即，在西藏僧俗民众心目中占有极其重要地位的郎卡宁布失踪案，被逐级上报到了中国国家公安部，有关领导迅速做出重要批示：要从政治斗争的高度，从藏区稳定的角度出发，尽快查办此案。

真是一波未平一波又起，就在西藏公安部门遵照国家公安部指示紧急追查郎卡宁布被盗案的时候，一个名叫罗扎的蟊贼竟然潜入色拉寺行窃，被喇嘛们在大殿内当场擒获，这不由使拉萨整个宗教界都为之震惊。西藏公安部门立即对罗扎进行审讯，希望能够从他身上打开侦破郎卡宁布被盗案的缺口，可是罗扎却一口咬定他并不知晓郎卡宁布被盗的情况。而就在郎卡宁布被盗案陷入僵局时，四川成都警方获得了一条重要线索：郎卡宁布现在成都正准备偷运走私出境！

于是，国家公安部紧急部署，要求侦查人员严密监视嫌疑人动向，力求一举人赃俱获。而这时，回到美国大肆招揽买主一月有余的央金，已经与英国克里斯蒂拍卖行初步协商好了这尊鎏金铜佛的价格，可她见郎卡宁布至今还没有走私出中国国门，便急不可耐地从美国再次飞抵成都，决定亲自督促祝桥山与武利两人尽快设法将郎卡宁布走私出境，而当她到达成都得知祝桥山已经前往广州办理从香港走私郎卡宁布的消息后，立即预订了飞往香港的机票。

不过，古语说"贼不走空"，就在央金飞往香港前夕又通过43号的联系，从自西藏赶来的登巴与旺金手中收购了唐卡、藏经、欢喜佛、弥勒佛、青铜器等一大批藏地文物。不过，自以为神不知鬼不觉且行踪诡秘的央金等人，殊不知他们的行动都处在中国公安部门的严密监控中，因为就在他们在蜀宫宾馆交易时，被中国公安部门一举擒获。

与此同时，远在广州为走私偷运郎卡宁布事宜准备的祝桥山，也在一家宾馆里束手就擒。随即，公安部门通过对祝桥山的突击审讯，得知郎卡宁布鎏金铜佛还藏匿在成都同伙武利家的床下，于是成都公安部门立即前往武利家起获了苦苦追踪多日的郎卡宁布及一批其他文物。

接着，公安部门在审讯中很快掌握了盗窃郎卡宁布鎏金铜佛的两名要犯——洛嘎与卓茨仁的行踪，遂于同年 10 月 18 日将其擒获，至此盗窃元代鎏金铜佛郎卡宁布这一震惊全国宗教界及普通民众的案件宣告破获，这才有了文章开头西藏僧俗民众在贡嘎机场举行盛大仪式迎接郎卡宁布的场景。

注：

① 央金是藏传佛教中一位仙女的名字，藏语的意思是吉祥、美好祝福、女神、妙音天女、妙音女神等，因此藏族有许多女孩名叫央金。

明鎏金铜编钟

——韶乐妙音　中印合奏

　　2008 年 3 月 1 日，为阐释中华民族复兴奥义而在天坛公园举办的大型主题展览"复兴之路"上，一组制作精美的 16 枚明代鎏金铜编钟吸引了社会各界人士驻足参观赞叹。而当人们有幸聆听到由其与一组 16 枚玉质编磬等古代乐器合奏出一曲曲悠扬渺远之乐音时，更是如闻天籁、身心俱醉。

　　殊不知，在这套古代乐器背后还隐藏着一段沧桑历史，而最初揭开这段历史真实面貌的，则是其中一枚流失海外近百年后又承载着中印两国军队及人民之间深厚情谊而归来的鎏金铜编钟。

　　1994 年 7 月 22 日，印度陆军参谋长乔希上将应邀来到中国参观访问时，将一枚鎏金铜编钟作为礼物赠送给了中国人民解放军总参谋长张万年上将，并讲述了这枚鎏金铜编钟的来历。

　　清光绪二十六年（1900）8 月 16 日，入侵北京的八国联军占领了大清王朝的皇家圣洁禁地——天坛，于是大清皇帝祭天祈谷前的斋戒之所——斋宫，成了八国联军的总司令部，大清皇帝举行祭天祈谷大典时演习乐舞的神乐署，也被当作八国联军的总兵站，而举行祭天大典的圜丘坛则变成了八国联军的炮台，不仅在其上架起了多门大炮，而且炮口都是指向皇宫紫禁城的。

　　由于八国联军的总司令部设在天坛斋宫，于是各国侵略军在天坛内如入无人之境，昔日神圣的皇家祭坛建筑陈设及收藏诸多祭器、乐器等物品的库房，均遭到了列强兵士的肆意践踏与劫掠。

8月25日，八国联军统帅、德国侵略军首领瓦德希来到设在天坛斋宫的总司令部就任，后来他又把八国联军总司令部迁到紫禁城的中南海，但是八国联军的总兵站仍然设在天坛。

光绪二十七年（1901）9月7日，清政府与八国联军签订了丧权辱国的《辛丑条约》，以5.5亿两赔银及认可各国陆军驻留北京为代价，才使八国联军总兵站撤出天坛。随后，清政府管理天坛人员回到天坛进行清理，发现不但八国联军总司令部所在地斋宫内的古玩陈设被抢劫一空，各库房内存放的丝绸、祭器、乐器等均被抢掠，就连天坛内殿宇楼阁等地面建筑及树木等基础性配套设施，也都遭到了极为疯狂的毁坏。据何瑜在《百年国耻纪要》中统计，这期间天坛被抢掠的金、银、铜、瓷、锦等总计1148件，其他陈设设施则不计其数、数不胜数。最为可耻的是，八国联军不仅在圜丘坛三库至今还留存有当年劫掠的罪证，而且侵略者还在墙上得意地写上了自己的恶名……

在遭到空前劫掠的天坛珍宝中，一枚铸造于明代的鎏金铜编钟被英军少校道格拉斯劫掠到当时的英属殖民地印度，并作为战利品陈列在印度的一个骑兵团俱乐部里。

对于这段历史，后来入伍来到这个骑兵团里服役的普通士兵乔希并不知晓，但是他对这枚铸造精美的鎏金铜编钟充满了新奇与好感，而当他得知这枚鎏金铜编钟的来历后，便在心中产生了一个极为朴素的想法：有朝一日我要将它送还中国。

光阴荏苒，由普通士兵逐渐晋升为印度陆军参谋长的乔希上将，终于在1994年实现了这一夙愿。

对于承载着这样一段传奇的礼物，中国国防部外事局有关同志遵照张万年上将指示，来到国家文物局请求派遣专家对其进行鉴定。

1994年8月19日，国家文物鉴定委员会邀请国内最知名专家史树青、王世襄、朱家溍等人来到国防部外事局，对已经摆放在桌上这枚状如一只倒置的大金罐——鎏金铜编钟进行鉴定品级。鎏金，又称飞金，是一种传统手工艺技术，用来在金属表面贴金，其方法是先打磨清洗要鎏金的铜器或银器等表面，除去油脂与氧化物等污物后，将金与水银混合所形成的液体合金涂抹在器物表面上，再在高温烘烤下令汞挥发后只剩下金层，最后再进行打磨使之璀璨光亮。

因此，当专家们面对这枚周身鎏金、腔体椭圆的铜编钟时，都不由被其优美造型及精湛的铸造工艺所吸引，特别是编钟身上那极为精美的纹饰，更是让专家们交口称赞、慨叹不已。

确实，只见这枚浑身金光灿灿的鎏金铜编钟，上方是一个海水云气纹的山形钮，钮上浮雕着江崖与海水，以钮为界的两边则各浮雕有一对凤凰，中间还衬托着朵朵祥云。在编钟两面的钲部，各装饰有一块浮雕须弥座无字牌额，牌额顶部铸有飞凤与行龟。在钟身两侧，一侧铸有表示春分升天的浮雕升龙，另一侧则铸有表示秋分潜渊的浮雕降龙，两条龙双角似鹿，眉骨突出，眼似虾目，口方扁平，龙发后披，鳞甲细密，四肢健壮，姿态威猛，再加上布满龙身四周的海水云气纹，更衬托得这两条龙威武雄壮、气势非凡。

天坛斋宫

斋宫位于西天门内南侧，坐西朝东。按照明清两代帝王的典制规定，皇帝需在祭天的前3日来斋宫斋戒，不沾荤腥葱蒜，不饮酒，不娱乐，不理刑事，不吊祭，不近女人，多洗澡，名为"斋戒"，又称"致斋"。

通过对这枚编钟的形制、纹饰及铸造工艺等方面的细致鉴定后，专家们一致认定："此器制作精美，鎏金均厚，为国家大典礼器之一。根据形制、纹饰，此钟是明代制作。

铜鎏金编钟

明代制作，高 24 厘米，口径 21 厘米 ×17 厘米，曾于 1900 年八国联军侵华时被掠夺。1994 年被印度归还。目前藏于北京天坛公园内。

器身除鎏金略有磨损外，整体保存完好，实为罕见，具有重大的历史、艺术价值，可定为国家馆藏一级文物。"

同时，专家们从编钟圆脐处那布满敲击的痕迹上，还毋庸置疑地断定这枚编钟就是皇帝在天坛举行祭天大典时，神乐署乐师们演奏中和韶乐所使用的打击乐器。那么，何为中和韶乐，编钟在中和韶乐中又起到怎样的作用呢？

据考古成果证明，"乐"在中国已有 8000 多年的发展史，由此可知音乐出现的年代要比实物出现的年代早得多，而中华民族的"乐"文化，有着"乐不离声，声不离音"的特点，也就是说乐、歌（古以诗的形式出现）、舞三者一体，或者从某种意义上而言，"乐"已经包括了"歌"与"舞"。据《礼记·乐记》记载：

凡音之起，由人心生也。人心之动，物使之然也。感于物而动，故形于声，声相应，故生变，变成方谓之音。比音而乐之及干戚羽旄，谓之乐。

对此，陈浩作注说：

凡乐者之初起，皆由人心之感于物而生。人心虚灵不昧，感而遂通，情动于中，故形语言而为声。声致辞意相应，自然生清浊高下之变。变而成歌诗之方法，则谓之音矣。成方，犹言成曲调也。比合者而播之乐器及舞之干戚羽也。羽旄，文舞也。

《礼记·乐记》及陈浩作注，阐述了乐的产生及乐、歌、舞之间的生成演变而达到统一。当然，除了专著《礼记·乐记》外，还有诸多古籍对这方面都有论述，如《论语·阳货》中有"恶紫之夺朱也，恶郑声之乱雅乐也"，也包含音乐、诗歌与舞蹈在内。至于天坛的祭天乐舞，虽然起源于商周时期的宫廷音乐——雅乐，但是这种雅乐则是与俗乐相对而言，也是从俗乐中逐渐产生脱离而来的。

那么，什么是俗乐、雅乐呢？

俗乐，是古代各种民间音乐的泛称。雅乐，是统治阶级制定的典礼乐舞，寻根究底它几乎都来自于民间音乐，只不过改变了内容与情调而已，比如古代帝王祭祀天地、祖先及朝贺、宴享等大典时所用的乐舞。周代雅乐，是指云门、咸池、大磬、大夏、大镬、大武这"六舞"，前4种属于文舞，后两种则属于武舞，发展到后来便成为历代统治者奉为乐舞的最高典范，认为它的音乐"中正和平"，歌词"典雅纯正"，故称之为"雅乐"。到了明太祖朱元璋定鼎天下时，不仅设立负责在宫廷礼仪时演奏雅乐的专门机构——教坊司，而且还由于自己信奉道教的缘故，逐渐将道教音乐融合到雅乐之中。

后来，明成祖朱棣迁都北京修建祭祀上天的专祠——天坛，并制定了《大明御制玄教乐章》，对演奏这种雅乐的场合做以规定，从而形成了一套比较完整的宫廷音乐——中和韶乐。中和，是中国传统思想文化的重要组成部分之一，也可以说是中国特色最浓厚的皇家哲学思想之一。作为最讲求中庸之道的古代中国，由于人与人之间不可能达到所谓的完全平等，所以只能在差异中寻找一种"和"的方法，而孔子宣讲的"中庸之道"无疑是最好方法了。

"不通而已，夫是谐之人伦"，一旦找到了这根平衡木，人们心理平衡了，社会也就能够得到安全稳定。对此，《礼记·乐记》中充分论述了"和"及乐与礼、仁、义、政、刑等方面的关系，比如"礼节民心，乐还民声"，也就是说"大乐与天地同和，大礼与天地同节。和，故百物不失；节，故祀天祭地"，"地气上齐，天气下降，阴阳相摩，天地相荡，鼓之以雷霆，奋之以风雨，动之以四时，暖之以日月，而百化兴焉，如此，则乐者，天地之和也……"

由此可见，传统儒家思想中的"中和"已经渗透到了社会生活的方方面面，而明朝统治者面对现实能够敏锐地捕捉到这一点，并借以巩固自己的封建统治而取用了中和韶乐。

到了明永乐十九年（1421），朝廷在天坛圜丘坛大门外西北建造了一处神乐观，是专门供养在天坛举行祭天大典时演奏中和韶乐乐师的地方，之所以称之为观，是因为这些乐师都是道士，可

天坛神乐观显佑殿

天坛神乐观建于明代永乐年间，是一所专司祭祀音乐的道观。

天坛斋宫无梁殿

这些道士并不诵经修炼，而是专门研究乐理，在皇家大型祭祀庆典上演奏中和韶乐。比如，每年冬至皇帝要在天坛举行祭天大典时，庄严肃穆的圜丘坛上设立上天牌位，牌位前供奉着圣洁而丰富的祭品，祭坛之下的东边摆放有一组16枚的鎏金铜编钟，西边是一组16枚造型古朴的编磬，文武舞生分列东西两侧，只待斋戒多日的皇帝在文武百官簇拥下进入神圣祭坛的那一刻，便响起了空灵而曼妙的中和韶乐。这时候，在钟磬齐鸣、鼓乐喧天的中和韶乐中，皇帝开始上香、行礼、进玉帛、献礼，舞者也随之跳起干戚之舞，共同祈祷上天保佑天下太平、风调雨顺。在演奏中和韶乐的诸多乐器中，作为穿透力最强的编钟声，无疑起到了一种强音的作用。

　　因此，当印度陆军参谋长乔希上将将这枚编钟

天坛斋宫正殿无梁殿是北京著名的古建筑。皇帝祭天的时候，从起驾出斋宫就开始鸣钟，到皇帝登上坛台时，钟声即止，大祭礼毕，钟声再起。

送还中国时，受到了中国政府的高度重视。1995 年 4 月 21 日，中国外交部、文化部、国防部、北京市人民政府、北京市文物局与印度驻华大使馆在天坛公园的祈年殿前举行了隆重的交接仪式，时任中国国家文物局局长的张德勤这样评价说：明代鎏金铜编钟的回归，使我们又一次看到了印度人民和印度军队像金子一样闪光的品质与高贵的文化涵养。

天坛公园有关人员自 1988 年开始埋首浩如烟海的典籍史料，历时 11 年终于整理出中和韶乐 30 多章祭天古乐谱，并于 1999 年让世人在天坛聆听到了用那枚编钟等古乐器演奏的已经消失了近一个世纪的天籁妙音。

2002 年，北京市人民政府投资 5000 万元修缮天坛神乐观，使其成为展示明代鎏金铜编钟等中国古老乐器文化的中国古代音乐博物馆，让人们通过参观实物更深刻地了解中和韶乐的发展历程。

2005 年 5 月，中国人民解放军总参谋长梁光烈上将率领代表团访问印度时，就曾在印度陆军参谋长辛格上将为中国代表团举行的欢迎宴会上特别动情地说："我们永远不会忘记中国人民的一位伟大朋友乔希上将，是他亲手把天坛公园的一件国家级馆藏文物鎏金铜编钟交还了中国，在访问印度的时候，我们怀念他，我们崇敬他。"

原来，就在 1994 年 7 月 22 日乔希上将将明鎏金铜编钟交还中国后回国仅仅 4 个月就不幸病故，这怎能不使梁光烈上将等珍视友谊的中国人民感到悲伤呢？

巍巍中华，礼乐之邦；中华雅乐，源远流长。今天，当我们有幸聆听到用明代鎏金铜编钟等古代乐器演奏出铿锵有力而又悠扬绵长的中和韶乐时，怎能不想起当年八国联军侵占天坛的那段悲痛历史，又怎能不想起印度陆军参谋长乔希上将那"像金子一样闪光的品质与高贵的文化涵养"呢？

清圆明园海晏堂十二生肖青铜兽首

——惨遭劫掠　坎坷归来

2009 年 2 月 21 日，法国佳士得拍卖行置中国人民情感和抗议于不顾，如期在一次名为"伊夫·圣罗兰与皮埃尔·贝杰珍藏"的专场拍卖预展上，展出了当年英法联军劫掠中国圆明园海晏堂十二生肖青铜兽首之鼠首与兔首。这一举动，犹如再次揭开近 150 年前中国人民惨遭最严重创痛的一块伤疤，顿时使海内外所有华人的心理被刺激得疼痛难忍，从而不能不全民奋起抗争以捍卫自己的民族尊严。

那么，这两件青铜兽首有何非比寻常的重要价值，它们是如何出现在法国佳士得拍卖品预展上的，十二青铜兽首中的其他兽首今在何处，中国人民的这次抗争又能否取得胜利呢？

清康熙四十八年（1709），康熙皇帝对位于京师西北郊的一座明代皇亲废墅进行修缮扩建，并亲笔御题"圆明"二字匾额，自此被誉为"万园之园"的圆明园开始经历康熙、雍正、乾隆、嘉庆、道光、咸丰六朝长达 151 年的营造辉煌史。其实，人们习惯所称的圆明园，是由圆明园、长春园与绮春园（后更名为万春园）3 座园林组成，占地面积 350 公顷，陆地建筑面积比故宫紫禁城多出 1 万余平方米，水域面积相当于整个颐和园的占地面积，其中共有景点 100 多处，每一景点包含数量不等的殿、堂、楼、阁、亭、台、轩、榭、馆、舍、廊、室等等诸多单体建筑，而每座单体建筑中又陈设有家具、器皿、服饰、典籍、书画、珍宝、钟鼎、金银、玉器、珠翠等稀世文物古玩，因此

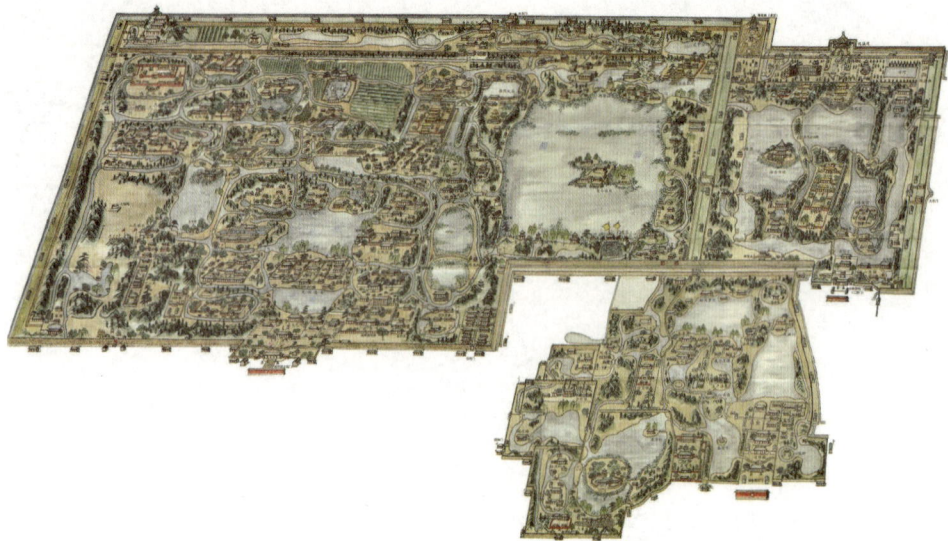

圆明园平面图

圆明园是清代著名的皇家园
林之一，面积350公顷，150余景。
建筑面积达16万平方米，有"万
园之园"之称。

无论从造园建筑方面还是就文物珍藏角度而言，
圆明园都称得上是世界第一园林式博物馆。

记得法国大文豪雨果曾这样形容圆明园说：
"在世界的一隅，存在着人类的一大奇迹，这个
奇迹就是圆明园……圆明园属于幻想艺术。一个
近乎超人的民族所能幻想的一切都汇集于圆明园。
圆明园是规模巨大的幻想的原型，如果幻想也可
能有原型的话。只要想象出一种无法描述的建筑
物，一种如缥缈月宫般的仙境，那就是圆明园。
假定有一座集人类想象力之大成的灿烂宝窟，以
宫殿庙宇的形象出现，那就是圆明园。"

诚如斯言，圆明园不仅汇聚了中国传统文化
之精髓，而且还融合有来自西洋经典艺术之范例，
比如安设有十二生肖青铜兽首的海晏堂所在的统
称为西洋楼的一组建筑。

据史料记载：清乾隆十年（1745）初春的一天，
乾隆皇帝正在翻阅一册绘有西洋宫殿插图的书刊，

不由被书刊上所绘一座气势恢宏建筑的图片所吸
引，原来这座建筑上竟安装有构思巧妙且可以喷
射水柱的装置，这让自以为雄踞世界中央的堂堂
大清王朝的乾隆皇帝，也产生了要在圆明园中建
造这种新奇精巧之物的想法。于是，乾隆皇帝降
旨由来自意大利的清王朝宫廷画师郎世宁，在长
春园泽兰堂以北设计建造一组具有西洋风格的建
筑。由此可知，人们俗称的圆明园西洋楼，并不
是一座单体建筑，而是一片占地达100多亩的建
筑群。

　　历时15年建造竣工的西洋楼，第一处单体
建筑就是名之曰"谐奇趣"的人工喷泉——大水
法，它属于随后建造而成的海晏堂之附属设施。
据说，郎世宁原本设计的人工喷泉方案，并不是
十二生肖青铜兽首雕像，而是具有浓郁西方特色
的裸体女性雕塑，乾隆皇帝认为这对于讲究含蓄
内敛的东方人来说实在有违道德传统，于是郎世

海晏堂

　　海晏堂由正楼和后工字蓄水
楼组成，是圆明园最大的一处欧
式园林景观。正楼朝西，上下各
11间，楼门左右有叠落式喷水槽，
阶下为一大型喷水池，池左右呈
"八"字形排列着我国十二生肖
人身兽头铜像。

宁便找到同样供奉清廷的法国传教士蒋友仁商量，随后由这位精通天文学与水力学的法籍神父设计出了具有鲜明中国特色的这十二生肖青铜兽首报时喷水池。

位于海晏堂西大门前的这一喷水池，池两侧设有呈八字形的12尊定时喷水的生肖雕像，左侧为子鼠、寅虎、辰龙、午马、申猴、戌狗，右侧为丑牛、卯兔、巳蛇、未羊、酉鸡、亥猪，这12尊雕像都是兽首人身，兽首由青铜铸造而成，人身则是用汉白玉大理石雕刻而成，每隔一个时辰，相应的生肖兽首口中就会喷出水柱，待到每天正午时分则十二生肖便会同时从口中喷出水柱，水柱喷溅到位于喷水池中央那只用3块巨石雕成高约两米的蛤蜊身上，远远望去犹如一朵盛开的莲花。

面对这一构思奇特、趣味十足的报时喷水设施，乾隆皇帝龙颜大悦，重重奖赏了郎世宁与蒋友仁两人，随即这一报时喷水池便成为圆明园中最具特色的一处景观。至于设计铸造这十二生肖兽首铜像之工艺，同样因为两位外国设计师在中国居住多年而深谙东西方文化之缘故，不仅能够比较妥帖地将中西不同风格特色融合在一起，而且由于所用之青铜材质是在宫廷内专门炼制的合金铜，因此这十二生肖兽首铜像颜色深沉、内蕴精光，即便历经百年风雨也不会锈蚀。

另外，铸造这十二生肖兽首铜像的匠师，都出自经验丰富而技艺精湛的宫廷造办处，所以兽首上的口、眼、鼻、耳等重点部位都塑造得惟妙惟肖，甚至连鼻子上与脖颈处的褶皱也表现得真实而细腻，更精绝的还有兽首上那清晰逼真的绒毛等细微之处，同样以精细手工而錾凿得一丝不苟。

令人感到十分遗憾且万分悲痛的是，由于为这处十二生肖青铜兽首报时喷水池提供动力的，是西方喷泉所应用的机械装置——龙尾车，而清廷中只有设计者蒋友仁一人懂得如何操作，当蒋友仁于乾隆三十九年（1774）在中国病逝后，龙尾车也就停止了转动，十二生肖兽首定时喷水景观便成为一种摆设。据说，当乾隆皇帝来到西洋楼巡视时，太监们只能以人工蓄水的方式使十二生肖兽首从口中喷出水柱，而乾隆皇帝一离开便停止喷水而成为摆设。

蓄水楼遗迹

建造蓄水楼的沙料并非一般的黄土，而是由沙子、白灰、黄土组合成的"三合土"。它的顶部本来有一个用锡板焊制的蓄水池，俗称"锡海"。现在，我们仅仅能看见它的基座剩余部分。

再后来，龙尾车由于年久失修导致内部构造损毁，即便人工灌水也不能使十二生肖兽首从口中喷出水柱来，于是咸丰皇帝的母亲钮祜禄氏皇后干脆命人将十二生肖青铜兽首拆下来放进了库房里。到了咸丰十年（1860），攻占北京的英法联军在火烧圆明园之前，对圆明园内珍宝进行了大肆而疯狂的抢掠，这十二生肖青铜兽首与诸多珍宝一同被掠至海外，从此如泥牛入海般杳无踪迹。

120年后的1980年，圆明园海晏堂十二生肖青铜兽首之猴首与猪首，突然出现在美国纽约大都会博物馆的展厅里，但是当时似乎并没有引起

猴首

2000 年保利集团以 818.5 万
港元拍得，现收藏在北京保利艺
术博物馆。

国人的关注，当然也就不清楚这
两件青铜兽首是否藏在该博物馆，
如果不属于该博物馆之藏品，那么
它们又藏于何人之手？对此，到了
1987 年似乎闪现出了一次解开谜题
的机会，因为这两件青铜兽首竟然
出现在美国苏富比拍卖会上，但是
该拍卖行并没有透露这两件拍品的
收藏者，只是让人们隐约得知当年
英法联军劫掠圆明园珍宝回到欧洲
后的两三年间，曾组织过专门针对
圆明园珍宝的拍卖会，很多珍贵文
物就此被欧洲一些王公贵族及世界
各地的富豪们竞拍所得，至于十二
生肖青铜兽首的下落依然语焉不详。

面对这样一次拍卖活动，当时中国台湾著名
收藏经纪机构——寒舍集团的负责人蔡辰洋先生，
基于不再使国宝流落国外的想法，亲自飞赴美国
纽约参与竞拍，但是由于资金等原因致使他只拍
得了一件猴首，猪首则被美国都乐公司总裁、收
藏家大卫·牟德格收入囊中。

到了 2000 年 4 月，突然由香港佳士得与苏富
比两家拍卖行传来消息说，原本被台湾寒舍集团
负责人蔡辰洋先生购藏的猴首与十二生肖青铜兽
首之牛首，以及从未显露踪迹的十二生肖青铜兽
首之虎首，将分别于 4 月 30 日与 5 月 2 日公开进
行拍卖。

一石激起千层浪，沐浴改革开放春风已经 20

多年并逐渐富裕起来的中国人，不再似 1987 年美国苏富比拍卖行拍卖那两件青铜兽首那样保持沉默，不仅香港与内地民众纷纷发表言论抗议这两家拍卖行的这一举动，而且中国国家文物局也紧急致函这两家拍卖行，要求它们立即停止拍卖这 3 件青铜兽首，而这两家拍卖行以拍卖这 3 件青铜兽首纯属商业行为为理由，竟置中国人民抗议与政府交涉于罔闻，这不由激起了以弘扬中华民族优秀传统文化艺术、抢救保护流散在海外的中国珍贵文物为宗旨的中国北京保利集团公司的极大愤慨，随即该公司经向中央及有关部门请示后，决定参与这两场竞拍并表示务必使流失海外 140 年之久的这 3 件青铜兽首回归祖国。

随后，保利集团公司派遣投资顾问易苏昊先生为代表飞赴香港，并以淡定自若而又气吞山河的风度与气势，分别以 774.5 万、818.5 万与 1544.475 万港币的价格，成功拍得牛首、猴首与虎首这 3 件青铜兽首。对此，当易苏昊先生接受香港一家媒体采访时，他坦诚地说，公司原本并不打算参与竞拍，皆因受到香港与内地民众对拍卖这 3 件青铜兽首所表达出抗议的愤慨行为所感动，继而激起公司的民族情结才决定参与竞拍的。

牛首

2000 年保利集团以 774.5 万港元拍得，现收藏在北京保利艺术博物馆。

随后，保利集团公司为了答谢港人对此事件之关注，经向中央有关部门请示并征得香港特别行政区政府的同意后，将这3件青铜兽首在香港公开展出3天，受到了港人的广泛关注与好评。

2000年5月26日，保利集团公司邀请国内10多位权威专家对这3件青铜兽首进行鉴定，专家们经过细致地比较鉴定后认为：这3件青铜兽首所用铜料与现存于故宫博物院及颐和园的铜龟、铜鹤等用料相同，绝非后人仿制，确实是真品；这3件青铜兽首造型生动，栩栩如生，是难得的艺术精品；这3件青铜兽首制作于200年前的清朝乾隆年间，具有特别重要的历史与艺术价值，应属国家馆藏一级文物，即国宝级文物。

对于这3件青铜兽首上都存在着不同程度的被砸或磕碰过的痕迹，专家们认为可能是当年英法联军在抢劫运输过程中所造成。

鉴定工作结束3天后，牛首、虎首、猴首这3件青铜兽首开始在保利大厦公开免费展出一个月，展出背景就是3件青铜兽首原先的存放地——圆明园海晏堂的大幅照片。当时，北京市民对这次展览表现出了极大热情，开展第一天就有观众近6000人，随后这3件青铜兽首又在内地20多个中心城市与中国台湾等地进行展出，从而激起了无数中国人

虎首

2000年保利集团以1544.475万港元拍得，现收藏在北京保利艺术博物馆。

强烈的爱国情怀。

有鉴于此，保利集团公司表示他们将继续寻找流失海外的其他生肖青铜兽首的下落，并将采取多种手段使它们尽快回归祖国。

2003年初，保利集团公司经过整整3年时间的艰辛努力，终于从数百条线索中获知青铜猪首当年被美国都乐公司总裁、收藏家大卫·牟德格购藏的消息，随即与其进行了长达半年的洽谈，最后感动了他，答应忍痛割爱出让这件青铜猪首。随后，这件青铜猪首在没有付款的情况下被带回中国，保利集团公司遂邀请多位研究清史、青铜器、文物铸造、冶金铸造等方面的专家，采取背靠背的方法对这件青铜猪首进行鉴定。在得到专家们一致认定是圆明园海晏堂原物后，又邀请北京大学有关专家运用先进仪器，对这件青铜猪首进行了微量元素分析与X光测量等检验，得出结果与保利集团先前竞拍所得另外3件青铜兽首的成分几乎一致，这促使保利集团决定让这件青铜猪首回归祖国。

而就在这时，全国政协常委、香港信德集团董事局主席何鸿燊博士来到北京参加会议，并在会议期间前往保利集团公司所属的艺术博物馆进行参观。当他得知保利集团正在促使青铜猪首回归祖国的努力时，当即表示愿意定向出资收购这件青铜猪首后捐赠给保利集团。

猪首

2003年澳门赌王何鸿燊以低于700万港元购入，其后转赠保利集团，现藏在北京保利艺术博物馆。

作为港澳地区著名实业家的何鸿燊博士，所经营的多元化业务已经遍及中国澳门、香港、内地与葡萄牙等地，经营内容包括旅游、娱乐、酒店、船务、地产、基建、金融及航空等诸多领域，而且特别热心公益慈善及文化教育等方面的捐助，早在 1987 年就因向祖国捐献 147 件中国古代文物而获得北京市荣誉市民的称号。而今，何鸿燊博士主动表示愿意出资捐赠青铜猪首，自然让保利集团公司深受感动，随即加快了与青铜猪首收藏者大卫·牟德格先生进行实质性磋商的步伐，终于在同年 9 月由何鸿燊博士向中华抢救流失海外文物专项基金捐资 600 余万港币，顺利地将这件青铜猪首购回后存放进了保利艺术博物馆。

马首

2007 年由澳门赌王何鸿燊以 6910 万港元购入，其后转赠保利集团，现藏在北京保利艺术博物馆。

至于圆明园海晏堂十二生肖青铜兽首之马首的出现，以及于 2007 年最终入藏保利艺术博物馆之经过，同样是历经了诸多波折与坎坷，同样与爱国人士何鸿燊博士密切相关。据说，1985 年美国一位古董商在加利福尼亚州一处私人住宅中无意发现青铜马首、牛首与虎首时，青铜牛首被置放在浴室内充当浴巾之挂钩，而虎首与马首则被当成普通园艺装饰品，极为随意地摆放在花园的水池旁。随后，这位古董商以每尊 1500 美元的低价，买下了这 3 件青铜兽首。

4 年后的 1989 年，这 3 件青铜兽首同时出现在英国伦敦苏富比的拍卖会上，台湾寒舍集团创办人蔡辰洋先生以大约

25 万美元的价格拍得马首，另外两件青铜兽首则被别的买家拍走。后来，由于寒舍集团收藏能力所限，不得不将青铜马首与原先竞拍所得之青铜猴首等辗转卖给了台湾另外几位收藏家，直到 2007 年 9 月青铜马首突然出现在香港苏富比拍卖会上。对此，中华抢救流失海外文物专项基金率先发表声明，表示"坚决反对公开拍卖马首铜像"，并提出应该以公益方式实现青铜马首之回归。

随后，经过多方努力终于促成何鸿燊博士出资 6910 万港币为代价，在青铜马首被拍卖之前收购而回，并如愿入藏保利艺术博物馆。

那么，以当初回购青铜牛首、猴首、虎首 3 件青铜兽首总价两倍还要多的价格购买马首是否值得呢？确实，作为圆明园享誉海内外的十二生肖青铜兽首之一的马首，工匠们当初在铸造时由于乾隆皇帝属马，而对这尊铜像采取了格外的"关照"，故此这件青铜兽首不仅做工精美绝伦，而且对一些细节的刻画也非常生动传神，比如马的眼睛、嘴巴、耳朵、鼻子乃至马首上茸毛的铺叠，都尽最大努力做到了自然逼真、错落有致。即便如此，人们依然要追问，这件青铜马首果真价值近 7000 万港币吗？

对于这一追问，我们姑且不要做出什么正面回答，且看一年多后中国人们与政府是如何处理法国佳士得拍卖行拍卖十二生肖青铜兽首之鼠首与兔首的。

2009 年 2 月，中华抢救流失海外文物专项基金有关负责人透露，国际知名拍卖行佳士得已宣布将于 2009 年 2 月 23 日至 25 日在法国巴黎大皇宫举行专场拍卖会，其中包括当年英法联军从圆明园海晏堂劫掠的十二生肖青铜兽首之鼠首与兔首，拍卖估价均为 800 万至 1000 万欧元，总价值约合 2 亿元人民币之巨。

消息一出，顿时点燃了全体中国人的情感炸药包，再加上新闻媒体接连多日铺天盖地的呼吁报道，中国人民的爱国情怀似乎从来没有如此快速地高涨过，诸多知名专家学者及普通民众纷纷表示，国人再也不能充当冤大头以巨额资金竞拍原本就应该无偿归还中国的流失文物。于是，中华抢救流失海外文物专项基金等机构紧急组织了赴法"追索圆明园流失文物律师团"，希

鼠首

2013 年 4 月 26 日，法国开云集团董事长兼首席执行官弗朗索瓦－亨利·皮诺先生宣布向中方无偿捐赠。

望通过法律手段追索包括这两件青铜兽首在内的圆明园流失海外之文物。

2 月 19 日，律师团向法国一家法院递交了禁止法国佳士得拍卖行拍卖这两件青铜兽首的诉讼请求，然而这家法院却以中国这一律师团不具备在法国提起诉讼的主体资格为由驳回这一请求。随即，中华抢救流失海外文物专项基金等机构经过紧急磋商，遂决定由欧洲保护中华艺术协会（APACE）为诉讼主体再次向法国巴黎大法院递交诉状，要求法国佳士得拍卖行紧急中止拍卖这两件青铜兽首的行为。

2 月 23 日，在距离法国佳士得拍卖行拍卖这两件青铜兽首不足两天时，法国巴黎大法院紧急开庭审理欧洲保护中华艺术协会（APACE）的这一诉讼，并于当日傍晚做出了驳回这一诉讼请求的裁决。面对这一裁决，中国赴法"追索圆明园流失文物律师团"的首席律师刘洋表示，这一结果是意料中事，他们将继续力争使这两件青铜兽首流拍，如果拍卖成功的话，他们也将尽量找到竞拍者，以便采取进一步措施促使这两件青铜兽首回归祖国。

与此同时，中国国家文物局于 2 月 24 日就此事正式做出回应，称相关负责人已经致函法国佳士得拍卖行，明确要求撤拍这两件青铜兽首，并希望有关当事人能够理解和尊重中国人民的正当要求。然而，法国佳士得拍卖行无视中国人民及政府的这一正当要求，依然于 2 月 25 日 19 时如期对这两件青铜兽首进行拍卖。对此，中国外交部部长李肇星于中国人民每年最重要的政治活动——"两会"期间的一次答记者问中，明确而极富情感地说："即使你拍卖成功，得了好多钱，能够心安理得地享受吗？你的良知不会感到尴尬，甚至可怜吗？"

不料，事情的进展及结果实在出乎人们的意料，因为这两件青铜兽首不仅以总价 2.3 亿人民币的天价被一位通过电话参与竞拍的神秘藏家拍得，而且这位神秘竞拍者竟是来自中国大陆的蔡铭超先生。随后，当蔡铭超先生揭开神秘身份并公开表示他不会付款时，中国人民及政府有关部门都大感意外，法国佳士得拍卖行则表示他们将依照有关法律追究蔡铭超不付款的"捣乱"行为，而小个子蔡铭超挺直腰身坦然地表示，他会为自己的行为负责。可是后来蔡铭超并没有见到法国佳士得拍卖行采取了什么行动，也许他们也认识到了一个世界公理——见不得人的勾当还是藏着掖着为妙。

还记得法国大文豪雨果说："法兰西帝国侵吞了一半宝物，现在她居然无耻到这样的地步，还以所有者的身份把圆明园的这些美轮美奂的古代文物拿出来公开展览。我相信总有这样一天——解放了的并且把自己的污浊冲刷干净了的法兰西，

兔首

　2013 年 4 月 26 日，法国开云集团董事长兼首席执行官弗朗索瓦－亨利·皮诺先生宣布向中方无偿捐赠。

将会把自己的赃物交还给被劫夺的中国！"

而今，圆明园海晏堂十二生肖青铜兽首已有7首回归祖国，另有青铜龙首、蛇首、羊首、鸡首与狗首这5首下落不明，因此我们期盼还没有回归和现身的这5件青铜兽首的藏家们，能够阅读体会一下雨果文章中的这段文字，从而使原本就属于中国的这十二生肖能够早日在故乡团圆。

清颐和园宝云阁铜窗
——回归之"窗" 友人开启

　　这是为中华流失国宝回归而打开的一扇窗户，仅仅是一扇窗户（回归大门需要中国人自己努力打开），却应该赋予国人一种警醒意识或教育作用，或者说因为愧疚而产生一种奋发作为的动力。

　　1993年12月2日，时任中国国家文物局局长张德勤在颐和园宝云阁（俗称铜亭）铜窗安装竣工仪式上说："中国有句话说：黄金有价情无价，美国国际集团为购买铜窗所付出的金钱是可以计算的，但这一举动所产生的深远影响是难以估计的。美国国际集团不仅仅是送回了几扇铜窗，它同时向人们打开了一扇窗口，一个心与心相通的窗口。通过这个窗口我们看到了不同国家、不同种族、不同社会制度下的人们友好合作的新天地。"

　　由此可知，颐和园宝云阁一定经历了某种创伤，而抚平这种创伤的竟是美国国际集团。那么，颐和园宝云阁是怎样一座建筑，它到底经历了什么样的沧桑历史，那些铜窗又与美国国际集团有何关联呢？

　　位于北京西北郊的颐和园，是满清王朝在京师营建多处皇家园林中的最后一座，其主体由万寿山与昆明湖组成，是一座人工营建与自然景观巧妙融合的皇家园林典范。

　　万寿山原名瓮山，属于北京西山的一支余脉，昆明湖原名瓮山泊、西湖，是由西山一带的泉水汇聚而成，不过其原始形成已有3500多年的历史，曾多次作为古代北京的农用、灌溉、运输等水利所用，是北京城市建设历史的一

重新装上门窗的宝云阁

宝云阁位于北京颐和园万寿山佛香阁景区西侧，1860年英法联军火焚清漪园，铜亭虽幸免于难，但亭内的陈设却被掳掠一空，铜制门窗也失去了。

大见证。当历史航船行驶进入满清王朝的航道时，入关的第四代舵手乾隆皇帝因为迷恋江南山水美景，总渴望能够把江南美景移植到北方来，于是从乾隆十五年（1750）开始历时15年建成了清漪园（颐和园前身）。遗憾的是，历经乾隆、嘉庆、道光与咸丰四朝的这座皇家御园，却在咸丰十年（1860）遭到了英法联军的疯狂洗劫，建造于乾隆二十年（1755）的宝云阁则因为全部是以铜铸造而成，因此除了室内陈设及部分构件被劫掠而去外，整个建筑则比较完整地保留了下来。

正因如此，到了光绪十四年（1888）慈禧太后挪用海军军费对清漪园进行修缮并更为"颐和园"时，修复宝云阁也成为其中极为重要的一项工程，以致世间流传下了这样一则传说：慈禧太后重新铸造宝云阁时，由于经费严重不足而成为一道难题，于是善于献媚的总管太监李莲英出主意说，可以在清漪园东宫门外摆放9只大缸，要求凡是出入东宫门或路过大缸之人，无论是朝廷官员还是普通百姓，都要往缸里投放一枚铜钱，当然投放越多就表示其对朝廷越忠诚。

随后，慈禧太后果真颁发这样一道懿旨，这可苦了当时居住在附近的老百姓，因为他们几乎每天都要经过东宫门口，迫不得已每次经过时就往缸里投放一枚铜钱，实在没钱时只好多绕几里路了。而那些喜欢溜须拍马的朝廷官员们则不同，他们认为这是一个讨好慈禧太后的好机会，于是便有事没事地都往颐和园跑，目的就是往那几口大缸里多放些铜钱，以表示自己对慈禧太后的忠心。

时隔不久，这 9 只大缸便装满了铜钱，李莲英带人用秤一称，竟然有 20 万公斤之多，足够铸造一座铜亭了，于是他便急忙跑去向慈禧太后报喜。铸造铜亭的材料是够了，可在具体铸造过程中却出现了麻烦，原来铜亭那四角铜柱只要一竖起来就马上倒下，反复多次都没有成功。于是，有人把这一奇怪现象报告给了慈禧太后，十分迷信的慈禧太后认为这一定是有什么鬼怪在捣乱，便请来一个风水先生到铸造铜亭的工地上驱赶鬼怪。只见那风水先生闭着眼睛胡乱念叨了一会儿之后，便说必须用两对童男童女作为祭品，埋在四角铜柱底下才能竖起。

心狠手辣的慈禧太后，就下令在海淀地区抓了 4 个孩子，在铸造铜亭的工地上请老和尚念了几天经，便往孩子的肚里灌满水银，然后埋在了四角铜柱下。铜亭建成后，慈禧太后兴致勃勃地前来参观，虽然整个建筑都是用铜铸造而成，却与

慈禧扮观音

此照片 1903 年拍摄于颐和园，中间为扮作观音形象的慈禧太后，右为扮作善财童子的李莲英，左边的是扮作龙女的庆亲王三格格。

木结构建筑完全一样，真称得上是鬼斧神工，可当她一走近铜亭就感到精神恍惚、头晕目眩，隐隐约约地还能听到孩子的哭喊声。慈禧太后认为，一定是那4个孩子的冤魂在向她哭诉，于是她从此再也不敢到铜亭那儿去了。再后来，慈禧太后派人在铜亭北边修建了一尊佛像，每逢初一、十五便让喇嘛们到那里去念经，说是要超度那4个冤死孩子的灵魂。

如今，念经的喇嘛们早已不知去向，留下的铜亭倒成为人们交口赞叹的一处建筑杰作。

确实，始建于乾隆十五年（1750）的宝云阁，高7.55米，重207吨，通体呈现出螃蟹壳的那种青黑色。该亭属于中国木构建筑那种典型的重檐歇山顶，东、南、西3面有门，门为4扇隔扇门，门前有帘架，门左右则各有2扇隔扇窗，北面与其他各面相对称设有8扇隔扇窗，门窗隔扇均有菱花隔扇心，帘架上部也有隔扇心，所有隔扇心均为内外2层，共计门扇12个、窗扇20个，其上共有隔扇心64叶，加上帘架上的6叶隔扇心，总计隔扇心达70叶之多。特别是四面都置有的菱花隔扇，其造型、结构完全与木建筑的窗户一样，不仅造型精美、设计巧妙，而且制作工艺也极为复杂精湛，其中那精细隽美的花纹是采用中国传统拔蜡铸造法而成，堪称中国铸铜铸造工艺中鬼斧神工之作。据有关档案材料记载，铜亭铸造完工后为了磨光表面，仅锉下来的铜屑就达2500公斤，由此可以想象铸造铜亭到底需要怎样的高超技艺了。

然而，作为中国现存工艺最精湛、体量最庞大的铜铸建筑之一，宝云阁随后又在光绪二十六年（1900）遭受了八国联军的摧残，同样因为其全部为铜铸造不易撼动而侥幸留存。到光绪三十四年（1908），有一天负责管理颐和园的太监在例行巡查时，突然发现宝云阁竟丢失了4扇大铜窗与6扇小铜窗，这不由使他们大惊失色、惶恐不安，因为按照大清律例他们犯此渎职罪是要被"斩立决"的。经过一番"审时度势"之后，太监们认为现在正处在兵荒马乱、人人自危之乱世，朝廷暂时还没有闲暇来关注颐和园内一座铜亭的事情，于是他们便采取"一找二拖三装傻"的办法来封锁消息，直到清王朝覆灭及时间推移，颐和园宝云阁丢失10扇铜窗的事情，便成了一桩至今悬而未决的谜案。

颐和园宝云阁 10 扇铜窗到底是何时丢失之谜还未解开，这 10 扇铜窗却在 20 世纪 70 年代浮出了水面。原来，那时曾有人从海外写信告知颐和园的管理人员说，他不仅知道宝云阁丢失的那 10 扇铜窗的下落，而且还能够让它们如数安全地回到颐和园，条件是颐和园必须付给他 20 万美元。对此，那个时代的颐和园管理人员认为：这分明是敲诈，哪有贼先偷了人家的东西，然后再来向主人索要赎金的道理？因此，颐和园管理人员并没有重视这封海外来信。可 10 年后他们又收到了这位海外神秘人的来信，内容依然是谈宝云阁丢失的那 10 扇铜窗问题，并随信寄来了有关铜窗的尺寸等资料，颐和园管理人员将其与宝云阁门窗进行对比后，发现尺寸有误而没有理会。

不料，1983 年冬天颐和园管理处值班人员接到法国驻华大使的亲自来电，询问颐和园内是否有一座完全用铜铸造的亭子。在得到肯定回答之后不久颐和园管理处便接到上级通知说，法国驻华大使大人将于第二天到颐和园参观。

第二天，法国驻华大使夫人一行人等果真来到颐和园，不过她似乎对于参观这座皇家园林并没有太大的兴趣，而是让人引领着直接来到宝云阁

失去铜窗的宝云阁

宝云阁在八国联军侵华战争中经历大火，铜窗遭到一定程度破坏。1908 年，铜窗被盗。

前。面对气势恢宏、美轮美奂的宝云阁，大使夫人不由得赞不绝口，并饶有兴趣地亲自动手测量了门窗等有关数据，然后结束参观活动离开了颐和园。

时隔不久，颐和园管理处再次接到那位神秘海外人的来信，不过这次他在信中不仅告知说他是一名英国商人，而且还透露说他只是中间人，真正拥有这 10 扇铜窗的是一位法国收藏家，而这位法国收藏家并没有告诉他关于铜窗的来历，只是说她为了收藏这 10 扇铜窗已经花费了不少金钱，因此如果颐和园愿意收回这 10 扇铜窗的话，必须支付给她 40 万美元的报酬。另外，在这封来信中所提供的那 10 扇铜窗尺寸，竟与宝云阁门窗完全一致。事后得知，那位法国收藏家就是法国驻华大使夫人的朋友，她在两次委托中间人鲍慧谦与颐和园管理处联系出售 10 扇铜窗未果的情况下，只好委托法国驻华大使夫人亲自到颐和园对宝云阁进行实地测量。

宝云阁铜窗

宝云阁铜亭的东、南、西 3 面有门，门为 4 扇隔扇门，北面是 8 扇隔扇窗。门窗隔扇均有菱花隔扇心，帘架上部也有隔扇心。

面对这样一封来信，颐和园管理处不能不引起重视，经向上级主管部门汇报磋商后表示愿意回购，可是面对 40 万美元的价格又使

颐和园感到很为难，最终因为资金短缺等因素只能是望"窗"兴叹了。

转眼间又过了 10 年，1992 年美国驻新加坡一家公司的负责人鲍威廉先生，在一次商业活动中听说了颐和园宝云阁铜窗流失海外未归的信息，便决心促成这 10 扇铜窗回到中国。随后，鲍威廉先生经过多方查询，终于探知这 10 扇铜窗的下落——法国巴黎马扎里纳大街 36 号"巴雷尔画廊"，并专程飞赴巴黎会见了画廊主人、收藏家雅克·巴雷尔夫人，与其商谈了铜窗最终应该回归中国的意向问题。

1993 年春，鲍威廉先生前往新加坡将公司事务交由他人代理，而他自己则来到中国并在中国国家文物局有关人员陪同下特意到颐和园进行实地考察，当他用法国巴黎"巴雷尔画廊"提供的铜窗照片及数据与宝云阁两相对照后，再次确认了"巴雷尔画廊"所藏那 10 扇铜窗正是中国颐和园宝云阁多年前神秘流失的原物，这更促使他加快运作那 10 扇铜窗回归中国的行动。

原本打算以公司名义购买那 10 扇铜窗后回赠给中国的鲍威廉先生，因为当时公司经营状况出现危机，他不得不寻找志同道合者来与他共同做成这件事。功夫不负有心人，不久鲍威廉先生在一次信息交流会上与美国国际工商保险集团公司的香港代理商斯

格林伯格

莫利斯·格林伯格是美国国际集团 (AIG) 的总裁。AIG 是世界上最大的保险公司之一，而格林伯格则是美国保险业的传奇人物，他对美国保险业有着巨大影响。

伯特先生相识，遂因话语投机而将自己这一计划向他和盘托出，而斯伯特先生在盛赞鲍威廉先生这一举动的同时，建议他直接与对中国深怀好感的该公司董事长格林伯格先生当面洽谈。于是，鲍威廉先生随即找到格林伯格先生商谈此事，没想到新近担任中美友好协会与中美关系委员会委员的格林伯格先生，很爽快地表示由自己公司出资购买这10扇铜窗，然后再以公司名义无偿捐赠给中国的颐和园。

1993年7月2日，美国国际工商保险集团公司以51.5万美元价格从法国巴黎"巴雷尔画廊"购买了那10扇铜窗，郑重地赠送到中国驻法国大使馆文化参赞张文民先生手中，随后这流落海外多年的10扇铜窗被专机运回到中国，从而才有了文章开头时任中国国家文物局局长张德勤的那段充满赞赏友好的讲话。

与张德勤局长发言相呼应的，还有应邀参加那一仪式的美国国际工商保险集团公司董事长格林伯格先生一段满怀国际主义精神的发言："我很高兴参加今天的仪式，因为我的公司是由斯达先生于1919年在中国上海创立的，早就与中国结下了深厚的友谊。铜窗是中国的，应该归还中国。我做这件事是第一次，但我希望这不是最后一次。如果通过此项活动，能在全世界掀起一个中国文物回归的热潮，那我会更高兴，更愉快。我盼望着这一天的到来。"

诚如斯言，我们国人难道不更应该为了这一天的早日到来而发奋努力吗?